Ulrich Parzany

Kraft und Mut statt Angst und Wut

Ulrich Parzany

Kraft und **Mut** statt Angst und **Wut**

Die Berliner Predigten

SCM Hänssler

SCM

Stiftung Christliche Medien

Bestell-Nr. 394.885
ISBN 978-3-7751-4885-6

© Copyright der deutschen Ausgabe 2008 by Hänssler Verlag
im SCM-Verlag GmbH & Co. KG · 71088 Holzgerlingen
Internet: www.haenssler-verlag.de
E-Mail: info@haenssler.de
Umschlaggestaltung: Koch Essen, Kommunikation + Design GmbH,
www.koch-essen.de
Satz: typoscript GmbH, Kirchentellinsfurt
Druck und Bindung: CPI – Ebner & Spiegel, Ulm
Printed in Germany

Soweit nicht anders angegeben, sind die Bibelverse folgender Ausgabe
entnommen:
Lutherbibel, revidierter Text 1984, durchgesehene Ausgabe in neuer
Rechtschreibung, © 1999 Deutsche Bibelgesellschaft, Stuttgart.

Inhalt

Vorwort

Als Journalist habe ich noch nie über »Berliner Predigten«, dafür schon öfter über »Berliner Reden« berichtet. Es gibt einige interessante Parallelen. Die erste »Berliner Rede« hielt der damalige Bundespräsident Roman Herzog. Es war die berühmte »Ruck«-Ansprache, mit der er die Deutschen zu Reformen aufrief. Sein Nach-Nachfolger Horst Köhler machte aus den »Berliner Reden« eine jährliche Tradition. In seiner letzten Ansprache trat er für eine »Agenda 2020« ein. Ulrich Parzany geht mit seinen »Berliner Predigten« weiter als beide. Auch er wirbt für den großen Ruck. Aber er predigt nicht Reformen, sondern eine Revolution des Herzens. Und er trägt nicht nur die nächsten zehn Jahre, sondern die Ewigkeit auf den Lippen. Sein Programm ist die »Agenda Unendlichkeit«.

Bei den »Gottesdiensten als Entdeckungsreise«, deren Predigten hier erstmals vollständig abgedruckt sind, bin ich ein regelmäßiger Mitreisender – und jedes Mal tief bewegt, wenn ich erlebe, wie Menschen aus der Finsternis der Gottesferne aufbrechen zu einer herrlichen Zukunft. Wenn sie sich um das Taufbecken versammeln und die fröhlichste, aufregendste, größte Entscheidung treffen, die wir Menschen treffen können: die für ein Leben und ein Lieben mit dem Allmächtigen. Das geht mir so viel näher als jede Konjunkturprognose, jede Regierungserklärung, jede Eil-News über einen Politiker-Rücktritt.

Ich habe mein letztes Buch mit der Beschreibung dieses herrlichen Moments beendet. Dass ich dieses Buch von Ulrich Parzany einleiten darf, freut mich ungemein. Als ich vor 21 Jahren zum ersten Mal Berliner Boden betrat, damals als Teilnehmer einer Klassenfahrt, führte mich mein erster Weg in die Kaiser-Wilhelm-Gedächtniskirche. Damals hätte ich nicht gedacht, dass derselbe Ort einmal zum Mittelpunkt meines kirchlichen Lebens werden würde.

Wenn man Ulrich Parzany reden hört, so sprachgewaltig, so leidenschaftlich, mal zärtlich, mal vulkanisch, kann man sich kaum vorstellen, dass seine Predigten auch auf dem Papier zum Leben erwachen. Aber genau das tun sie. Weil der Autor so belesen, so lebensklug und bibelfest ist, entfalten viele seiner Gedankenspiele, seiner Ratschläge und Zitate in Buchform erst ihre volle Wirkung. Weil man sie hier auf sich wirken lassen kann.

Fast alle Predigten handeln vom Sehnen und vom Suchen. Es ist keine Sehnsucht der Satten, die Ulrich Parzany als Startpunkt seiner geistlichen Entdeckungsreisen nimmt, sondern oft die Sehnsucht der Kranken, Traurigen, der Entwurzelten. Der Autor kennt eben nicht nur das Allheilmittel – die Liebe von und zu Jesus Christus – sondern auch die Krankheiten. Das macht diese Predigtsammlung einerseits unbequem; gleichzeitig hochkomfortabel, denn am Ende aller Texte steht die Therapie: die Heilung und die Erlösung. Am Ende haucht uns, wie der Gottesleugner Nietzsche formuliert hat, nicht der leere Raum an, sondern das Paradies strahlt uns an.

Die Gedächtniskirche trägt immer noch die Narben der Kriegszerstörung. Die Predigten, die Ulrich Parzany hier hält, haben eine heilende Wirkung. Gott sei Dank.

Markus Spieker

Einleitung: Eine Entdeckungsreise

Eins ist klar: Unzählige Menschen sind heute auf der Suche – nach sich selbst, nach dem Sinn ihres Lebens, nach dauerhaften und verlässlichen Beziehungen, nach Glückserfahrungen, nach innerer Ruhe, nach Freude. Viele wissen gar nicht, was sie suchen. Sie spüren nur, dass ihnen etwas fehlt. Oder sie merken, dass das, was sie haben und sind, noch nicht alles gewesen sein kann.

Ein guter Bekannter machte mich auf ein Wort des Augustinus aufmerksam. Augustinus war erst Playboy, dann Sinnsucher, dann Christ, Bischof und Schriftsteller. Er lebte von 354 bis 430 nach Christus. Das Wort war: »Ich glaube nicht, dass ich etwas finden kann, wonach ich mich so sehne wie nach Gott.« – »Stimmt das wirklich?«, habe ich gedacht. Die meisten Zeitgenossen würden das wahrscheinlich glatt bestreiten. Ich habe auch festgestellt, dass wir Menschen eigentlich auf der Flucht vor Gott sind und schon wegen unserer Lebensweise kein Interesse haben, Gott zu treffen. Manche drücken heute sogar aggressiv ihre Überzeugung aus, dass es Gott nicht gibt, nicht geben darf, und dass der Glaube an Gott ein Wahn ist, der das Leben vergiftet.

Wir sollten uns klarmachen, dass unsere Wünsche nicht über die Wirklichkeit entscheiden, weder die religiösen noch die atheistischen Wünsche. Die einen spüren ein Bedürfnis, von einer höheren Macht beschützt zu werden und meinen, die Welt am besten durch die Existenz eines Gottes erklären zu können. Die anderen leben ihr Leben, wie es ihnen passt und brauchen zur Erklärung der Welt die Hypothese Gott nicht. Im Gegenteil, seine Existenz würde ihre Lebensweise infrage stellen. Beide haben ein Interesse. Das kann man verstehen. Die Existenz Gottes allerdings ergibt sich nicht aus dem Wunsch der Religiösen, dass es ihn geben solle. Und andererseits hat der Wunsch der Atheisten keinen Einfluss auf die Existenz Gottes, wenn er *ist*. Wenig überzeugend finde ich den Vorschlag, aus praktischen Gründen an Gott zu glauben, weil dadurch die Moral der Gesellschaft vielleicht verbessert oder ängstliche Seelen getröstet werden.

Wir wissen nicht, was wir suchen. Wie könnten wir auch? Die größte Entdeckung im Leben ist, dass Gott, der Schöpfer, Erhalter und Liebhaber unseres Lebens, uns sucht und findet. Findet er uns, finden wir ihn. Finden wir ihn, wissen wir, dass er die Erfüllung unserer Sehnsucht ist. Er ist nicht nur die Antwort auf unsere Fragen. Er stellt Fragen, die wir geflissentlich verdrängen und nicht stellen wollen: »Mensch, wo bist du? Kain, wo ist dein Bruder Abel?«

Unsere Sehnsuchtssuche ist eine abenteuerliche Entdeckungsreise. Ich will Menschen auf ihrer Entdeckungsreise begleiten und solche, die frustriert aufgegeben haben, zu einer Entdeckungsreise einladen. Gott treibt kein Versteckspiel mit uns. Er will sich finden lassen. Darum starteten wir im April 2006 auf Einladung von Bischof Dr. Wolfgang Huber die »Gottesdienste als Entdeckungsreise« in der Kaiser-Wilhelm-Gedächtnis-Kirche in Berlin einmal im Monat sonntags um 18 Uhr.

In diesem Buch sind die Predigten aus zwei Jahren zusammengestellt. Die Redeform ist beibehalten. Die Berliner Bezüge gehören auch dazu. Sie, liebe Leserin, lieber Leser, können zu lesen anfangen, wo es Sie interessiert. Sie können gern springen. In jedem Gottesdienst waren Menschen zum ersten Mal dabei. Viele kamen als Berlinbesucher nur einmal. Also steht jede Predigt für sich.

Da ich im Namen Gottes eine Einladung zu überbringen habe, gehört für mich die Notiz »u. A. w. g.« hinzu – um Antwort wird gebeten –, wie auf einer Einladungskarte zu einem Fest. Nein, ich setze keinen Termin dazu, nach dem Antworten nicht mehr berücksichtigt werden. Den Termin setzt allein Gott. Ich bete, dass er noch Geduld mit uns hat. Ich sage in jedem Gottesdienst: »Jetzt lädt Gott ein, jetzt dürfen Sie antworten. Warum nicht jetzt? Aus Gottes Sicht ist jeder Tag, den wir ohne ihn leben, vertan.« Am Schluss des Buches biete ich den Leserinnen und Lesern eine Möglichkeit, Gott zu antworten, wie es zu jedem »Gottesdienst als Entdeckungsreise« gehört.

Ich bin überzeugt, dass unser Leben durch die Begegnung mit dem lebendigen Gott gründlich verändert wird. Kraft und Mut statt Angst und Wut – das ist eine Auswirkung, wenn wir dem gekreuzigten und auferstandenen Jesus Christus vertrauen. Ein solcher Glaube ist nicht nur Privatsache. Er zieht Kreise. Er verändert Beziehungen. Es tun sich neue Perspektiven auf.

Eine gute Entdeckungsreise wünscht Ihnen
Ihr

Ulrich Parzany

Im April 2008

Beginn der Entdeckungsreise

Manche Entdeckungsreisen enden schon vor dem Start. Ich habe einen Freund, der ist Hobbypilot. Seine Maschine ist nicht mit der ganz großen Technik der dicken Flieger ausgestattet. Er ist auf gute Sicht angewiesen. Starker Bodennebel oder schlechtes Wetter verhindern den Start.

Es gibt auch religiösen Bodennebel. Wie oft habe ich das Kompliment gehört: »Schön, dass Sie so glauben können. Das hilft sicher, auch wenn es nicht stimmt. Man muss ja nicht alles so wörtlich nehmen. Eher im übertragenen Sinn.« Manche denken, dass Jesus lebt, wie Goethe, Jimi Hendrix oder ihr Opa weiterleben – in der Erinnerung oder durch das Weiterwirken seiner Werke. Für viele ist Religion gleichbedeutend mit unsicheren Vermutungen und nebulösen Gefühlen – jedenfalls nichts Genaues.

Merkwürdig: Das ist beliebt und verbreitet, obwohl wir sonst im Leben sehr auf Präzision bedacht sind. Zum Beispiel bei unseren Autos, beim Computer, in der Medizin. Warum fischen wir dann so im Trüben, wenn es um die Grundlagen unseres Lebens geht?

Das war offensichtlich schon immer so. Zur Zeit des Neuen Testaments in Korinth im alten Griechenland redeten einige Leute auch so nebulös von der Auferstehung der Toten. Sie meinten, man müsse die Auferweckung der Toten nicht wirklich in Zukunft erwarten. Irgendwie sei sie im geistigen Sinne schon geschehen.

Paulus spielt bei dieser Nebelproduktion nicht mit. Er ist schroff gegen dieses religiöse nebulöse Gelaber. Im 1. Korintherbrief 15,17-20 lesen wir:

> Ist Christus aber nicht auferstanden, so ist euer Glaube
> nichtig, so seid ihr noch in euren Sünden; so sind auch die,
> die in Christus entschlafen sind, verloren. Hoffen wir allein
> in diesem Leben auf Christus, so sind wir die elendesten

unter allen Menschen. Nun aber ist Christus auferstanden von den Toten als Erstling unter denen, die entschlafen sind.

Wenn Jesus nicht wirklich auferweckt wurde, dann ist alles gelogen, der Glaube leer, nutzlos, vergeblich. Wer trotzdem an Jesus glaubt, ist bemitleidenswert. Die Christen sind dann betrogene Betrüger.

Warum ist Paulus so scharf?

Paulus wurde vom Hasser zum Liebhaber, vom Leugner zum Bekenner und Missionar des Jesus Christus. Er wurde es nicht durch unsichere Vermutungen und nebulöse Gefühle, sondern durch die harte Wirklichkeit, mit der er zusammenprallte. Er sah auf der Straße vor Damaskus ein gleißendes Licht, er hörte die Stimme des auferstandenen Jesus. Er stürzte zu Boden. Er musste die Wirklichkeit, die er nicht wahrhaben wollte, anerkennen.

Im 15. Kapitel des 1. Korintherbriefes nennt er die Augenzeugen, die Jesus an verschiedenen Orten zu verschiedenen Zeiten als den Auferstandenen gesehen haben. Die Zeugen lebten damals noch. Paulus weist darauf hin: »Ihr könnt das überprüfen.« Es geht ihm also um Wirklichkeit, die gegenüber Zweifeln standhält.

Er ist interessiert daran, dass die Leser Gewissheit bekommen. Darum durchstößt er den Nebel.

1. Start trotz Bodennebel

Allzu viele starten die Entdeckungsreise gar nicht, weil sie den religiösen Nebel ganz kuschelig finden. Wie kommt das? Kein Interesse an Klarheit und Gewissheit? Haben wir etwas zu verbergen? Was denn?

Man hofft auf schöne Entdeckungen. Aber man ist nicht sicher, ob es nicht vielleicht unangenehme Entdeckungen geben wird. Wir suchen Antworten auf unsere Fragen. Aber vielleicht werden uns plötzlich Fragen gestellt, die wir verdrängt haben.

Tatsächlich, darauf müssen Sie gefasst sein.

2. Aufschreckende Entdeckungen

Paulus nennt unter anderem zwei Folgen, wenn Jesus nicht tatsächlich auferweckt wurde:
♦ Ihr seid noch in euren Sünden.
♦ Und die, die im Vertrauen auf Christus gestorben sind, sind verloren.

Was ist das für ein alter Hut? Das Thema »Sünde« gehört doch in die Mottenkiste, oder? Nicht ganz. Wir verzeihen uns kein Pfund zu viel auf den Hüften und auf dem Bauch. Diätsünden quälen das Gewissen. Das ist es aber auch schon. Gott haben wir vergessen. Und Gottvergessenheit produziert Besserwisserei: Wir glauben nicht, dass wir uns vor irgendeinem Gott verantworten müssen, nur vor uns selbst.

Der Fernseh-Unterhaltungsstar Rudi Carrell hat vor seinem Tod in einem Interview mit der Süddeutschen Zeitung über seine Krebskrankheit und das Sterben gesprochen. Gefragt, ob er an ein Leben nach dem Tod glaube, hat er nein gesagt. Aber es würden nach seinem Tod sicher noch lange Zeit Wiederholungen seiner Fernsehshows gezeigt.

Wie er rechnen viele damit, dass der Tod beruhigend endgültig ist. Man hofft, sich selbst und alle Verantwortung los zu sein. Nichts wird dann mehr stören. Tot ist tot. Das ist sicher.

Die Bibel aber sagt uns: Der Tod ist nicht mehr sicher. Zwar wird im Tod unser Leben unwiderruflich. Aber wir werden uns nicht los. Wir schleppen uns vor das Angesicht Gottes, des Richters. Wir begegnen dem Gott, den es nach unserer Meinung gar nicht geben darf. Wie peinlich.

Paulus sagt: »Wir sind in unseren Sünden.« Wir haben nicht nur Sünden wie schmutzige Klamotten. Wir sind in unseren Sünden wie in einer Todeszelle.

Gefangen in Lebenslügen

Ein guter Freund las seine Stasi-Akten und entdeckte: Sein engster Freund war über Jahrzehnte Stasispitzel gewesen und hatte seine Lebenslüge mit ins Grab genommen. Er hatte es nicht fertig gebracht, die traurige Wahrheit auszusprechen. Er hatte wohl gehofft, der Tod würde sein letzter Komplize.

Wie viele Männer haben ihre Frauen oder Freundinnen zur Abtreibung gedrängt und sie dann damit allein gelassen! Frauen und Männer meinen, das sei ihr gutes Recht, die ungeborenen Kinder zu töten, wenn sie ihnen nicht ins Leben passen. Die Bösen in der Gesellschaft sind dann die, die sagen: »Das ist Mord und Unrecht.«

Und all die anderen Lebenslügen: »Ehebruch ist doch Spaß.« – »Betrügerische Geschäfte sind clever.« – »Nur die Doofen sind ehrlich.« – »Die Ehrlichen sind doof.« – »Wegsehen ist cool.« – »Was ich nicht weiß, macht mich nicht heiß.«

Die Lebenslügen sind Ausdruck dafür, dass wir Gott für weniger achten als Dreck.

Paulus geht noch einen Schritt weiter. Er sagt: »Die Christen haben sich darauf verlassen, dass Jesus die Vergangenheit abnehmen kann.« Tatsächlich, nur Gott selbst kann in unser Leben hineinkommen und es uns abnehmen. Gott kam in Jesus. Er hat sich unser Leben angezogen und die Konsequenzen des Gerichtes Gottes am Kreuz für uns getragen. Das war sein Angebot.

Wenn aber Jesus nicht auferstanden ist, dann ist alles Betrug. Dann wurde am Kreuz der Anspruch widerlegt und das Angebot von Jesus durchkreuzt. Dann sind wir immer noch im Gefängnis unserer Gottlosigkeit. Wir sind nichts losgeworden und können nichts loswerden. Wir müssen alles vor Gott selbst verantworten. Wir sind betrogene

Betrüger. Wir sind verloren. Wir sind bemitleidenswerter als alle, die nicht an Christus glauben.

Das ist eine aufschreckende Entdeckung. Aufschreckend besonders für die, die eigentlich eine Beruhigungspille erwartet haben.

Was tun? Die Entdeckungsreise gleich abbrechen, weil alles so fremd und unangenehm ist? Manche verreisen in ferne Länder und wollen doch immer nur das essen und trinken, was sie zu Hause gewöhnt sind. Zur Befriedigung dieser Wünsche gibt es internationale Hotelketten, deren Hotels überall gleich sind: Alles bekannt und vertraut. Nichts Befremdendes. Aber so entdeckt man nichts Neues. Die Entdeckungsreise mit Jesus ist jedenfalls von anderer Art. Wir erleben echte Überraschungen. Auch Befremdendes.

Also, Reise abbrechen?

3. Bitte durchstarten!

»Nun aber ist Christus auferstanden, der Erste unter den Entschlafenen.« Weil Jesus tatsächlich auferstanden ist, kann die Reise losgehen.

Die Auferweckung von Jesus war nicht nur eine Wiederbelebung für einige Zeit bis zum endgültigen Tod. Sie war nicht nur Urlaub vom Tod, sondern endgültiger Durchbruch durch die Todesmauer. Der Schöpfer hat den Leichnam des gekreuzigten Jesus in die Wirklichkeit des Schöpfers verwandelt, in der es keine Vergänglichkeit mehr gibt. Die Auferweckung von Jesus ist der erste Akt. Die Auferweckung aller Toten ist der zwangsläufig folgende zweite Akt. Der Prozess ist nicht aufzuhalten.

Jesus hat sich selbst den Augenzeugen bewiesen. Er beweist sich auch heute jedem, der sein Wort hört und tut. Das heißt »glauben«: das Wort von Jesus im Alltag anwenden und erfahren, was daraus wird. Auf diesem Weg beweist sich Jesus selbst.

Sie müssen sich nicht im religiösen Nebel verstecken. Sie dürfen Gewissheit erwarten.

Die Auferweckung von Jesus hat eine Wirkung nach hinten und nach vorn.

Nach hinten
Sie ist Bestätigung Gottes, dass der Kreuzestod von Jesus unsere Versöhnung mit Gott ist. Das Ja-Wort der Vergebung gilt. Das Eingeständnis unserer Sünden ist die einzige Voraussetzung. Wir dürfen und müssen ehrlich werden vor Gott. Wir müssen ihm Recht geben. Dann empfangen wir Vergebung der Sünden und haben den Rücken frei.

Nach vorn
Die Zukunft ist offen. Jesus hält uns auch im Sterben fest. Er schützt uns auch im Gericht Gottes.

So können wir ein Leben in Hoffnung beginnen – verbunden mit dem gekreuzigten und auferstandenen Jesus. Nach dieser Entdeckung beginnt die Entdeckungsreise erst richtig. Noch viele Fragen mögen offen sein, aber wir gehen Schritt für Schritt im Vertrauen vorwärts. Nur der Anfang muss irgendwann bewusst gemacht werden.

Warum nicht heute und hier?

1. Teil: Fragen und Klagen

Mit Begeisterung leben – aber wofür?

Der Schweizer Schriftsteller Max Frisch hat in seinen Tagebüchern über seinen Besuch 1947 in Berlin geschrieben. Er besuchte ein Kabarett und schreibt danach:»... aber ich finde die Berliner, wenn man sie auf der Straße oder in der Untergrund hört, unvergleichlich witziger.«

Und über seine Begegnungen besonders mit Künstlern damals in Berlin schreibt er:»Es ist nicht zu leugnen, dass es Stunden von prickelnder Begeisterung gibt; viele versichern, dass sie nirgends anders leben möchten, insbesondere Künstler... Wer liebt nicht den Ort, wo er eine Rolle spielt? Viele spielen eine größere, als sie es sich hätten jemals träumen lassen...« Und dann:»... der Ruhm ist eine Brücke, die sich streckenweit auch ohne Pfeiler trägt. Streckenweit. Mancher hält sich zwar für einen Pfeiler, einfach weil es keine anderen gibt. Die Arbeit, die aus solchem Ansporn wächst, ist erstaunlich.«

Max Frisch fand»prickelnde Begeisterung« in Berlin. Das war vor über 60 Jahren. Und er hat skeptische Fragen. Heute sagen Psychologen, dass wir geradezu Angst vor Begeisterung haben. Stefan Grünewald schreibt in seinem Buch *Deutschland auf der Couch*, dass die Deutschen sich heute mit cooler Gleichgültigkeit schützen. Sie haben alle Begeisterungen durchlebt und lauter Enttäuschungen erlitten. Nazis, Sozialisten, D-Mark-Begeisterung, Euro-Träume von blühenden Landschaften. Frust und Bitterkeit sind geblieben. Seit fast zehn Jahren schützen sich die Deutschen dagegen mit cooler Gleichgültigkeit. Sich nur ja nicht mehr für irgendetwas mit Begeisterung voll und ganz einsetzen. Man könnte auf die Schnauze fallen.

Comedy boomt deshalb. Alles wird durch den Kakao gezogen. Nur nichts ernst nehmen! Begeisterungsstürme gibt es nur bei *Tokio Hotel* und beim Fußball – als Zuschauer hat man volle Dröhnung für ein paar Stunden, aber nicht als aktiver Teilnehmer des Lebens.

Viele haben sich darin eingerichtet. Ich weiß nicht, ob es gelingt, sie daraus hervorzulocken. Warum sollte man auch? Manche meinen, große Veränderungen in unserem gemeinsamen Leben wären nötig. Aber die könnten nur bewirkt werden, wenn Menschen mit wirklicher Begeisterung für lohnende Ziele zu leben bereit wären.

Stellen wir uns einigen Worten, die Jesus in seiner Bergpredigt gesagt hat. Ich glaube, die werden uns weiterhelfen.

> Darum sollt ihr nicht sorgen und sagen: Was werden wir essen? Was werden wir trinken? Womit werden wir uns kleiden? Nach dem allen trachten die Heiden. Denn euer himmlischer Vater weiß, dass ihr all dessen bedürft. Trachtet zuerst nach dem Reich Gottes und nach seiner Gerechtigkeit, so wird euch das alles zufallen.

Matthäus 6,31–33

1. Im Griff der Heidenangst

Jesus sagt: »Darum sollt ihr nicht sorgen und sagen: Was werden wir essen? Was werden wir trinken? Womit werden wir uns kleiden? Nach dem allen trachten die Heiden.«

Heiden? Essen, trinken, kleiden – das müssen wir alle, oder? Und verantwortliche Fürsorge ist doch auch eine christliche Tugend! Jesus aber redet hier nicht von der verantwortlichen Fürsorge, sondern von der Heidenangst.

Heiden – wörtlich steht da im Griechischen »Völker«. Das sind alle Menschen außerhalb des Volkes Israel. Alle, die den lebendigen Gott, der sich Abraham und Mose offenbart hat, nicht kennen. Alle, die sich ihre eigenen Gottesvorstellungen machen. Wer Gottesvorstellungen produziert, ist natürlich größer als sein Produkt. Heiden sind Menschen, die sich selbst als höchste und letzte Instanz ansehen, die selbst Gott spielen.

Wer so lebt, der muss natürlich selbst dafür sorgen, dass er sich das Notwendige zum Leben beschafft: Essen und Trinken – alle nötigen Lebensmittel. Je mehr man hat, desto mehr will man, desto nörglerischer wird man. Es gibt Meckern und Unzufriedenheit ohne Ende.

Und Kleider machen Leute. Die Wochenzeitung DIE ZEIT hat behauptet, es gäbe einen Berliner Stil: »Das Nachlässige als bewusste Inszenierung«. Das sei so bis auf Berlin-Mitte und Prenzlauer Berg, wo die zugezogenen Westdeutschen der so genannten Kreativbranchen (Werbung, Internet, Grafik, Publizistik) so stark dominierten, dass sie sich dem Geist der Stadt nicht beugen müssten. »Der Berliner, egal ob aus Ost oder West, sieht die äußeren Zeichen von neuem Wohlstand nicht gerne, weil er sich den rechtmäßigen Erwerb nicht vorstellen kann.« Man hätte in Ost und West in der Vergangenheit »nur auf krummen Wegen zu neuem Reichtum kommen« können.[1]

Wie dem auch sei, wenn wir in Gottvergessenheit selbst Gott spielen wollen, müssen wir die ganze überfordernde Last dieser Aufgabe tragen. Das Ergebnis ist die Heidenangst, die Sorge, die eine Mischung aus Arroganz und Verzweiflung ist.

Was ist die Lösung? Wer löst uns aus dem Würgegriff der Heidenangst?

2. In den Armen des Vaters

Heute ist in Deutschland das Angebot des Buddhismus sehr populär. Der lehrt ja, dass alles Leiden aus dem Durst nach Leben kommt. Man muss also alle Wünsche überwinden und zur völligen Bedürfnislosigkeit gelangen. Letzten Endes gibt es uns als Einzelne gar nicht. Die Wirklichkeit ist nur eine Täuschung. Die Seligkeit ist das Auslöschen des Einzelnen im Nirwana, das Nichts und Glückseligkeit zugleich ist. Dieses Ziel sei nur auf einem mühevollen Weg durch viele Wiedergeburten zu erreichen.

Jesus kommt weder mit diesem Vorschlag noch mit moralischen Ermahnungen, dass wir uns gefälligst etwas bescheidener benehmen sollen, um glücklich zu werden.

Er sagt: »Euer himmlischer Vater weiß, was ihr alles zum Leben braucht. Das könnt ihr schon an den Blumen und den Vögeln studieren.« Wie kann Jesus das sagen? Ist das wahr? Kann ich mich darauf verlassen?

Jesus kann das sagen, weil in ihm selbst der himmlische Vater zu uns Menschen kommt. Gott wird Baby, platziert im Fresstrog des Viehstalls, Flüchtlingskind, Schreiner; er berührt die Kranken und heilt sie; er trägt die Schmerzen der Geschlagenen und Gefolterten; er stirbt den Tod, den wir eigentlich sterben müssten. Er liegt in unserem Grab. Gott weckt ihn auf, und der Auferstandene kommt zu den verängstigten Jüngern, die sich hinter verschlossenen Türen verbarrikadieren.

Ich hörte vor Kurzem dem tschechischen Erzbischof von Prag, Kardinal Vlk, zu. Er erzählte, dass früher für ihn Gott irgendwo fern oben im Himmel und das Christentum eine Religion der Zeremonien gewesen sei. Dann aber sei er unter die Räder der kommunistischen Verfolgung geraten. Alles sei ihm weggenommen worden. Und in diesen Schmerzen habe er begriffen und erlebt, dass Gott im gekreuzigten und auferstandenen Jesus ganz nah bei uns ist.

Verstehen Sie das bitte richtig. Jesus hat nicht nur eine Lehre verbreitet, dass Gott ein guter Vater ist. Gott selbst hat sich in Jesus von Nazareth zu seinen Menschen begeben. Gott kommt zu uns auf unserem Niveau. In unserer Gestalt. Er zeigt uns, was Vaterfürsorge ist. Er ist der Maßstab für alle Vaterfürsorge. Nicht umgekehrt. Nicht dass jemand glaubt, Gott würde bei menschlichen Vätern Maß nehmen.

Nur wer Jesus kennenlernt, weiß, was Gottes Vaterfürsorge ist. Selbst die Haare auf unserem Kopf sind gezählt, sagt Jesus. Kein Mensch interessiert sich für die durchschnittlich 700 000 Haare, die der Mensch auf dem Kopf hat. Wir nehmen die Kleinigkeiten unseres Lebens nicht so wichtig wie der Vater im Himmel.

In den Armen des Vaters sind wir geborgen, beschützt und bestens versorgt. Das schafft die Befreiung von der Heidenangst. Das befreit uns zu einem Leben mit Begeisterung ohne Betrug und Enttäuschung.

3. Begeistert für Gottes Ziele

»Sucht, strebt, trachtet zuerst nach Gottes Königsherrschaft und nach seiner Gerechtigkeit«, sagt Jesus, »dann wird euch alles, was ihr braucht, zufallen. Es wird euch als Zugabe gegeben.« Die Juden gebrauchten aus Ehrfurcht die Passivform »es wird euch zugegeben«, wenn sie ausdrückten, dass Gott etwas gibt.

Man kann Sorgen nicht einfach abstellen, wie man einen Wasserhahn abdreht. Die Angst ist eine starke Antriebskraft, die nur durch eine größere Antriebskraft überwunden werden kann. Diese größere Antriebskraft, diese Sehnsucht und Begeisterung, will und kann Jesus in unserem Leben entzünden.

Wir stehen gerade zwischen zwei großen Festen der Christen. Hinter uns liegt das Fest der Himmelfahrt des Herrn Jesus. Da feiern wir, dass der auferstandene Herr zur Rechten Gottes den Platz des Generalbevollmächtigten Gottes übernommen hat. Wir feiern das, weil wir erlebt haben, wie gut es tut, wenn unser Leben unter den Einfluss, unter die Regierung dieses Königs kommt. Er lebt nicht auf unsere Kosten. Er dient uns. Er wäscht uns die Füße. Er leidet unsere Schmerzen. Er stirbt unseren Tod. Er ist uns ganz nah. Er liebt und versorgt uns.

Er möchte, dass wir umkehren und seine Herrschaft anerkennen. Wenn wir das tun, haben wir nur noch ein Ziel: »Deine Herrschaft komme. Dein Wille geschehe, wie im Himmel so auf der Erde!« Wir lesen und studieren sein Wort in der Bibel. Wir möchten wissen, was er will. Und wir möchten tun, was er will. Mehr: Wir möchten, dass alle Menschen unter den heilsamen Einfluss seiner Liebe kommen.

Vor uns liegt das andere große Fest, Pfingsten. Wie Jesus versprochen hat, ist an diesem Fest zum ersten Mal Gottes Geist mit aller Kraft für uns Menschen gekommen. Gottes Geist, das ist Gott selber, der in uns wirken will. Gottes Geist ist die Energie, das Feuer der Liebe Gottes, das Licht der Welt.

Gottes Herrschaft, nach deren Verwirklichung wir trachten, besteht nicht nur in seinen Wegweisungen. Er selbst ist auch die Kraft in uns, die die Verwirklichung schafft. Wir schaffen es aus uns selbst nicht. Er begeistert uns – im wörtlichsten Sinn: Er erfüllt uns mit seinem Geist. »Ihr werdet die Kraft des Heiligen Geistes empfangen und werdet meine Zeugen sein in Jerusalem, Judäa, Samarien und bis an das Ende der Erde« (Apostelgeschichte 1,8). Das hat Jesus seinen Jüngern zugesagt.

Ich war in der indischen Stadt Chilakaluripeth im Staat Andrapradesh. Vor wenigen Jahren haben Christen dafür gesorgt, dass die Stadt eine Wasserversorgung bekam. Sie haben die Finanzen beschafft und den Bau des großen Wasserreservoirs, der Kläranlage, der Pumpstationen, der Wasserleitungen ermöglicht – ein Riesenfortschritt für die Gesundheit einer halben Million Menschen. Nun wächst die Stadt weiter. In die neuen Außenbezirke fahren jetzt Tankwagen und versorgen die Bevölkerung dort mit gesundem Wasser. Aber der direkte Anschluss an das gute Wasser ist natürlich besser.

Das ist für mich ein Gleichnis geworden. Wir möchten so vielen Menschen wie möglich eine Kostprobe der Liebe Gottes ins Lebenshaus bringen. Wir möchten sie aus ihrer Gottvergessenheit aufwecken. Wir möchten ihre Sehnsucht, ihr Heimweh nach dem himmlischen Vater wecken. Viele nehmen diese Gaben an und sind froh über die guten Erfahrungen in einer Welt der Kälte und Rücksichtslosigkeit.

Aber wir möchten ihnen mehr bieten. Wir möchten, dass sie durch Jesus selbst eine direkte Verbindung zum himmlischen Vater bekommen. Jede und jeder kann eine direkte Beziehung zu Gott, der Quelle des erfrischenden Lebens, bekommen.

Kürzlich hörte ich eine Frau aus Kamerun. Sie kam aus erniedrigender Armut in der Hauptstadt Douala. Sie traf Christen der Gemeinschaft Sant'Egidio. Sie spürte, dass ihr in dieser Gemeinschaft eine neue Wertschätzung entgegengebracht wurde. Sie empfing nicht nur Hilfe, sondern sie erkannte, dass sie selbst Verantwortung für andere übernehmen konnte. Sie erlebte den Anschluss an die Quelle des Lebens und war bereit, das empfangene Leben anderen weiterzugeben. Es war stark, als sie sagte:»Ich musste mich nicht länger als hilfloses Opfer bemitleiden. Ich erkannte, dass Gott mich für andere als Hilfe gebraucht, obwohl ich arm bin.« Die Frau strahlte eine große Würde und Stärke aus. Sie lebte mit Begeisterung. Aus ihrem Leben floss der Strom des Lebens aus Gott in das Leben anderer Menschen.

Hierzulande bilden die Menschen sich auf ihre Gottvergessenheit noch etwas ein und tun sich mit ihrer Heidenangst wichtig. Das ist pervers. Das muss nicht sein.

Sie müssen entscheiden, ob Sie Ihr fragwürdiges Scheinkönigtum aufgeben, von Ihrem Thron heruntersteigen und dem gekreuzigten und auferstandenen Herrn die Ehre geben und folgen wollen.

Er gibt uns alles, was wir zum Leben brauchen. Er ist das Wasser des Lebens, er ist das Brot des Lebens. Und tatsächlich: Kleider machen Leute. Unser Bekenntnis als Christen lautet:»Christi Blut und Gerechtigkeit, das ist mein Schmuck und Ehrenkleid; damit will ich vor Gott bestehn, wenn ich zum Himmel werd' eingehn.«

Es mag sein, dass uns der Wind der Gottesfeindschaft in den Städten Europas ins Gesicht bläst. Aber das Vakuum, die Leere, die von der Gottvergessenheit erzeugt wurde, zerstört Millionen von Menschen. Jesus ruft in dieser Zeit alle Menschen in die Lebensgemeinschaft mit sich selbst:»Trachtet zuerst nach Gottes Herrschaft und nach seiner Gerechtigkeit! Er wird euch alles geben, was zum Leben nötig ist.

Keine Sorge.« Wir leben begeistert für Gottes Ziele und dankbar von seinen großzügigen Zugaben.

Gehen Sie mit? Ich lade Sie ein, Ihr Leben mit Jesus zu verbinden.

Zappen wir durchs Leben?

In dem Film *Willkommen, Mr. Chance* lebt ein Mann als Gärtner in einem Schloss. Er verlässt das Gelände nie. Außer Gartenarbeit hat er nur das Fernsehen. Der Schlossherr stirbt eines Tages, der Gärtner verliert seine Stelle und muss das Schloss verlassen. Er packt seine wenigen Sachen. Als Erinnerung nimmt er die Fernbedienung seines Fernsehers mit. Das ist der Inbegriff seiner Macht.

Er kommt in die nahe gelegene Stadt und trifft auf eine Jugendbande, die ihm übel mitspielt. Um sich zu wehren, packt er seine Fernbedienung aus und drückt die Knöpfe. Er ist es so gewohnt: Das Programm, das ihm nicht gefällt, wird weggezappt. Aber die Jugendbande verschwindet nicht. Entsetzt muss Mr. Chauncey Gardiner feststellen, dass die Wirklichkeit nicht so leicht zu bewältigen ist wie das TV-Programm.

Sorgfältige Beobachter unserer Zeit behaupten, dass dieser Mann für uns Leute von heute typisch ist. Viele leben das Leben gar nicht mehr wirklich, sondern nur noch ersatzweise im Fernsehen. Wie verwöhnte Kinder es gewohnt sind, dass alle ihre Wünsche sofort erfüllt werden, so fangen wir an zu glauben, dass wir das Leben wie ein TV-Programm ein- und ausschalten können. Immer auf Distanz. Eigentlich nur als Zuschauer, gar nicht echt beteiligt. Und vor allem immer mindestens 56 Programme zur Auswahl. Übrigens wird in dem Film der Typ mit der merkwürdigen Weltsicht zum Schluss Präsident der USA.

Wir wollen uns gemeinsam auf eine Entdeckungsreise begeben. Wir wollen die Täuschungen enttarnen und dem echten Leben auf die Spur kommen.

Im Abschlussteil seiner berühmten Bergpredigt sagt Jesus Christus:

> Geht hinein durch die enge Pforte. Denn die Pforte ist weit und der Weg ist breit, der zur Verdammnis führt, und viele sind's, die auf ihm hineingehen. Wie eng ist die Pforte und wie schmal der Weg, der zum Leben führt, und wenige sind's, die ihn finden!

Matthäus 7,13-14

In Berlin gibt es, wie in jeder großen Hauptstadt, die breiten Straßen, gebaut für Massenaufmärsche aller Art. Unsere Berliner Prachtstraßen werden wegen abschreckender Erfahrungen in der Vergangenheit nicht mehr wie der Champs Élysée für militärische Aufmärsche benutzt. Die *Loveparade* ist auch ins Ruhrgebiet abgewandert. Aber es gibt noch genug Ähnliches. Und vor allem ist uns die Fanmeile seit der Fußballweltmeisterschaft 2006 sympathisch geworden.

Aber auch die anderen großen Straßen stehen für das pulsierende Leben. Wenn allerdings allzu viele sich auf der A 100 bewegen, pulsiert nichts mehr. Dann gibt es Stau. Da können die Straßen gar nicht breit genug sein.

Breite Straßen stehen dafür, dass wir schnell zu den wichtigen Lebenszielen kommen. Sie führen nicht in die Verdammnis, sondern schlimmstenfalls in einen Stau. Manchmal allerdings auch in einen schweren Unfall. Beides kann der Verdammnis sehr ähnlich sein.

Breite Straßen stehen also für Superfeten und für Berufsverkehr. Beides Inbegriffe des heftigen Lebens – nicht nur in Berlin. Breit und weit steht für: alle Möglichkeiten offen. Wir können wählen, was wir wollen. Alles ist machbar, Herr Nachbar! Ich muss die Schwierigkeiten des Alltags nicht aushalten. Wer Lust hat, geht auf die Überholspur. Wer es langsam liebt, auf die Kriechspur. *Don't worry, be happy!*

Das ist unserem modernen Lebensgefühl, dass wir das Programm unseres Lebens per Knopfdruck wählen, ein- und ausschalten können, sehr nahe. Es ist so leicht. Auf den breiten Straßen kann man im Strom der Menge mitschwimmen. Man bewegt sich harmonisch mit den anderen und fühlt keinen Widerstand. Zugleich ist man nicht beengt. Man hat große Bewegungsmöglichkeiten. Mal so, mal so – je nach Lust und Laune. Auf den großen Boulevards wird einem alles geboten, vom Ernst des Lebens bis zu Spaß und Genuss.

Und nun sagt Jesus, das sei alles eine betrügerische Illusion.

1. Automatisch gehen wir vor die Hunde

Wie von selbst gemacht, das heißt automatisch. Das ist ganz leicht. Da muss man nicht kuppeln und schalten. Breites Stadttor und breite Straße – der Vergleichspunkt liegt bei den vielen Menschen, die da hindurch und darauf gehen. Wo viele sich in die gleiche Richtung bewegen, fühlen wir uns sicher und getragen. Da ist kein Suchen und Fragen nötig.

Jesus sagt: »Der breite Boulevard führt in die Verdammnis, ins Verderben.«

Wenn irgendein Land oder irgendeine Stadt in der Welt erlebt hat, dass der Weg mit der Masse ins Verderben führt, dann sind das Deutschland und Berlin. Aber das ist über 60 Jahre her. Heute gilt: Auferstanden aus Ruinen… Es kam das Wirtschaftswunder. Und neuerdings gehen sogar die Arbeitslosenzahlen zurück. Also, *don't worry, be happy*. Wir sind auf der Fanmeile. Deutschland – ein Sommermärchen.

Was ist eigentlich Verdammnis?

»Die Hölle, das sind die anderen«, meinte Jean-Paul Sartre in seinem 1944 uraufgeführten Drama *Geschlossene Gesellschaft*. Zwei Frauen und ein Mann sind gestorben und befinden sich in einem geschlossenen Raum. Sie wissen, das ist die Hölle. Sie erwarten das

Schlimmste, aber es gibt keine Folter und körperlichen Qualen. Sie versuchen voneinander die Gründe für die Höllenfahrt zu erfahren. Aber sie offenbaren ihre Schuld nicht. Alle drei sind am Tode anderer Menschen schuld. So quälen sie sich gegenseitig, indem sie sich die Lebenslügen zu entreißen versuchen. Es herrschen Angst und gegenseitiger Hass. Jeder ist verdammt dazu, die anderen zu quälen und selbst von den anderen gequält zu werden.

»Die Hölle im Reihenhaus« titelte der Spiegel und beschrieb damit den Kampf der 68er gegen den »Unterdrückungszusammenhang« Familie, die als psychosoziales Gefängnis erfahren wurde. Heute allerdings herrsche eine »Sehnsucht nach Familie«.

Wir nennen das KZ Auschwitz die Hölle von Auschwitz. Wir versuchen damit die ungeheuerliche Grausamkeit der Qualen zu bezeichnen, die den Gefangenen dort zugefügt wurden. Der neue Film *Am Ende kommen die Touristen* des Regisseurs Robert Thalheim schildert den touristischen Ansturm auf die Gedenkstätte Auschwitz durch die Brille eines Berliner Zivis, der durch eine bürokratische Panne seinen Zivildienst in Auschwitz ableistet. Die ganze Hilflosigkeit angesichts des Schreckens, den man nicht wirklich nachempfinden kann, wird da aufgedeckt.

Jesus malt überhaupt nichts aus. Er droht auch nicht. Er stellt nüchtern fest: Leben getrennt von Gott, das ist Verdammnis, Verderben. Die Hölle beginnt auf der Erde. Das wissen wir allzu gut. Aber sie hat auch eine ewige Dimension. Das sagt uns Jesus in erschreckender Offenheit. Ob uns das passt oder nicht, diese traurige Wirklichkeit werden wir nicht wegzappen wie ein schlechtes TV-Programm.

Prominente Meinungsmacher tun so, als könnten sie das. Man hat auch den Eindruck, dass es in der Kirche versucht wird. Man redet den Menschen nach dem Mund. Wer aber den schmalen Weg zu verbreitern versucht, führt sich und die Menschen auf dem breiten Weg zur Verdammnis.

Und Jesus sagt genauso erschreckend offen, dass man nichts Besonderes tun muss, um in die Verdammnis zu kommen. Das geht automatisch. Man muss sich nur im großen Strom der Menge treiben lassen. Automatisch gehen wir vor die Hunde – in Zeit und Ewigkeit.

Ich weiß, es ist weder theologisch noch politisch korrekt, so etwas zu sagen. Aber das Bemühen um theologische Nettigkeiten vom lieben Gott ist nur ein Teil der Lebenslügen, mit denen wir uns verstecken wollen. Diese Lebenslügen müssen wir in diesem Leben entlarven. Nach dem Tod ist es zu spät. Das kann man bei dem Atheisten Sartre lernen.

Nach dem Zweiten Weltkrieg legte der Theologe Helmut Thielicke die Bergpredigt aus und auch dieses Wort von Jesus. Ich blätterte in dem Buch mit dem Titel *Das Leben kann noch einmal beginnen.* Erschrocken las ich, dass auch das Christentum eine Form des breiten Weges werden kann. »Das Christentum läuft in der Tat Gefahr, eine Art Mode zu werden.« – »... diese breite Bahn, die zum Abgrund führt, ist ja nicht nur ... die Straße der Lumpen, Schieber, Windhunde und Spitzbuben, sondern sie ist überall da, wo die Menschen in der Masse marschieren und einfach mittrotten, weil die andern es auch tun. Und darum kann auch der kirchliche Gottesdienst dir zur breiten Straße werden, wenn du nur etwas erleben, wenn du dich in der prickelnden Atmosphäre der Vielen und Bewegten mit emporreißen lassen willst.« Das Wort Gottes aber trifft Sie persönlich. Es fordert Ihre höchstpersönliche Antwort und Entscheidung. Und darüber müssen wir jetzt sprechen.

2. Unsere Entscheidung gegen den Trend

Jesus plaudert hier nicht von den zwei Wegen und Möglichkeiten, vor denen wir im Leben oft stehen. Er sagt nicht abgeklärt: »Du musst wählen, welchen Weg du gehen willst.« Er fleht uns an: »Geht durch die enge Pforte hinein.« Er bittet mit eindringlicher Liebe. Deshalb auch die deutlichen Worte über die Konsequenzen des breiten Weges.

Warum aber ist die Pforte eng? Warum ist der Weg so schmal? Gott will doch, dass alle Menschen gerettet werden. Warum kommen nur wenige auf den Weg des Lebens? Ist Gott zu schwach?

Dieses Wort von Jesus ist nur im Zusammenhang der ganzen Bergpredigt zu verstehen. Jesus hat in der Bergpredigt den Weg des Lebens klar beschrieben. Er hat die Gebote Gottes in ihrem ursprünglichen Sinn dargestellt: Friedfertigkeit, Sanftmut, Hunger nach Gerechtigkeit, Barmherzigkeit, Reinheit in Gedanken, Feindesliebe, Versöhnungsbereitschaft, Treue in der Ehe, Zuverlässigkeit der Worte, Selbstlosigkeit und Dienstbereitschaft. Aber vor allem steht die geistliche Armut: Nur wer vor Gott wie ein Kind oder Bettler mit leeren Händen steht und bereit ist, sich beschenken zu lassen, dem gehört die Herrschaft Gottes. Wer bittet, dem wird gegeben.

Und dann gilt vor allem: Kein Wort der Bergpredigt hat Gültigkeit ohne den Bergprediger Jesus selbst. Er ist die Tür. Er ist der Weg. In ihm schenkt sich Gott uns selbst.

Wo aber liegt das Problem? Genau da: Wir wollen uns nichts schenken lassen. Wir wollen nicht mit leeren Händen dastehen und auf Gnade angewiesen sein.

Typisch ist die Fabel von »Herakles am Scheideweg«. Darin geht es um die Wahl zwischen der Lust und der Tugend. Die verführerische Frau (die Lust) verspricht: »Wenn du meinem Weg folgst, Herakles, so wirst du ein Leben voller Genuss und Reichtum haben. Weder Not noch Leid werden dir hier begegnen, sondern nur die Glückseligkeit!« Die bescheidene Frau (die Tugend) sagt: »Die Liebe der Götter und der Mitmenschen lassen sich nicht ohne Mühsal erreichen. Auf dem Weg der Tugend wird dir viel Leid widerfahren, doch dein Lohn werden Achtung, Verehrung und Liebe der Menschen sein. Nur du kannst entscheiden, welcher Weg der deinige sein soll.« Herakles entscheidet sich, dem Pfad der Tugend zu folgen. Das ist die Entscheidung der Stolzen, die nicht auf Geschenk und Gnade angewiesen sein wollen.

Als ich Vikar in Jerusalem und Beit Jala war, bin ich oft durch den kleinen Eingang in die Geburtskirche in Bethlehem gegangen. Die große alte Kirche kann man seit dem 16. Jahrhundert nur durch diese ca. 1,50 Meter hohe Tür betreten. Der Anlass für die Verkleinerung des großen Eingangsportals war, dass die Gegner nicht mit ihren

Pferden und Kamelen in die Kirche reiten sollten. Wenn ich mich tief bücken musste, um durch die Tür zu gehen, ist mir das immer wie ein Zeichen gewesen: Der allmächtige Gott hat sich in Jesus, dem Kind in der Krippe und dem Mann am Kreuz, erniedrigt, um uns zu retten und zu beschenken. Nur wer ohne Hochmut zu Jesus kommt und sich vor ihm beugt, empfängt das neue Leben als Geschenk. Vor dieser Tür muss jeder herunter vom hohen Ross. Leider ziehen viele das große Tor und den breiten Boulevard vor und gehen in die Verdammnis.

Und dann: Eng und schmal – das wollen wir doch nicht, oder? Weit und breit, offen und voller Möglichkeiten, das ist unsere Welt. Unsere Gesellschaft nennt man die Multioptionsgesellschaft, die Gesellschaft mit den unendlich vielen Wahlmöglichkeiten. Wir sind doch nicht eng, oder?

Da sind wir allerdings sehr widersprüchlich. Unser Leben und unsere Freude hängen meistens von der Präzision, von der Genauigkeit ab: Präzise Technik bei schnellen Autos und Flugzeugen, Genauigkeit bei der Konstruktion von Häusern. Wir waren neulich mit unseren Enkeln im Heidepark Soltau und sind von den verrückten und abenteuerlichen Fuhrwerken durch die Luft geschleudert worden. Es wird einem für teures Geld richtig schlecht. Den ganzen Spaß kann man nur überleben, weil die Techniker sehr eng in ihren Ansichten und Arbeitsweisen waren, sehr genau.

Darum geht es bei Jesus. Er allein rettet uns und verbindet uns mit dem lebendigen Gott. Er allein, der Weltherr und Weltrichter, kann das. Er trägt unser Schicksal am Kreuz. Nur er kann uns unsere Schuld abnehmen. Er wird vom Tod auferweckt. Er allein ist der Sieger.

Er stellt unsere Füße auf weiten Raum in Gottes Herrschaft. Keine Sorge, es wird nicht engstirnig. Im Gegenteil, er öffnet uns einen weltweiten Horizont. Er macht uns verantwortlich für seine ganze Schöpfung, für die Millionen, die hungern und an AIDS leiden.

Aber in die Weite des Lebens, das Gott schenkt, geht es nur durch die enge Pforte, die Jesus heißt, und auf dem schmalen Weg, der Jesus heißt.

Das Angebot ist klar und es gilt allen. Niemand ist ausgeschlossen. Aber wir werden nicht mit der großen Masse durch dieses Tor geschwemmt. Es ist eine Entscheidung gegen den Trend.

Ich wundere mich, dass sich in den Kirchen Leute aufregen, wenn ich zu einer bewussten Entscheidung für Jesus einlade. Gibt es denn einen kirchlichen breiten Weg, der zum Leben führt? Für wachsenden Verkehr werden dauernd Straßen verbreitert – dreispurig, vierspurig, sechsspurig, damit der Massenverkehr fließen kann. Gibt es ein großes Tor, durch das man gespült wird, ohne dass man es richtig merkt? Jesus weiß davon nichts. Es wird keinen Stau an der engen Pforte geben. Jeder wird auf dem schmalen Weg zum Leben durchkommen. Nein, keine Staumeldungen.

Gott setzt auf Präzision, auf Genauigkeit, weil es um Rettung und Gelingen des Lebens geht. Wenn ihr tut, was alle tun, geht ihr vor die Hunde. Nicht nur die Entscheidung für die enge Pforte, auch die Entscheidung, auf dem schmalen Weg zu bleiben, muss bewusst getroffen werden. Es ist oft bequemer, kein Christ zu sein. Mitläufer im Windschatten der anderen kommen leichter voran, aber nicht zum Leben, sondern in die Verdammnis.

Wir sind unterwegs in einer ganz besonderen *Loveparade* auf dem schmalen Weg des Lebens. Wir marschieren in dieser *Loveparade* als die beschenkten Habenichtse, die durch Jesus reich gemacht wurden. Er hat uns das neue Leben geschenkt, und in seiner Nachfolge bleiben wir auf dem Lebensweg bis zum Ziel – der Herrlichkeit Gottes in der neuen Welt, die er schafft.

»Ich könnte mir vorstellen, auch mal was ganz anderes zu machen.«

Den Titel dieser Predigt habe ich bei dem Schriftsteller Florian Illies, *Generation Golf zwei*, abgeschrieben. Der behandelt sehr amüsant das Problem der Generation um die 30: Ihre Ratlosigkeit, die durch zu wenig Widerstände kommt, die Erschöpfung, wenn man nicht weiß, wofür man kämpfen soll. »Wenn man kapituliert vor der Fülle der Möglichkeiten. Keine Eltern mehr hat, die einen zwingen, Jura zu studieren, obwohl man doch so gerne Maler geworden wäre. Wenn man alles darf. Was ganz schön anstrengend ist.«[2] Man macht dann irgendwas und wird unversehens mit der fiesen Frage konfrontiert: »Kannst du dir vorstellen, das bis zur Rente zu machen?« Die Antwort darauf: »Ich könnte mir vorstellen, auch mal was ganz anderes zu machen.« Das sei ehrlich, weil auch Florian Illies während eines Frankreichurlaubs mal zwei Minuten darüber nachgedacht habe, ein Weingut in der Provence zu betreiben. Und es klinge so nachdenklich und weltoffen. Alles bleibt aber im Konjunktiv – in der unverbindlichen Möglichkeitsform.

Andere haben keinen Job, leben von Hartz IV, gehen sich und anderen auf den Geist, geraten in den Suff und könnten sich auch vorstellen, mal was ganz anderes zu machen. Aber für sie scheint es nichts anderes zu geben.

Wir wollen fragen, ob die Träume, mal was ganz anderes zu machen, auch verwirklicht werden können.

»Ich könnte mir vorstellen, auch mal was ganz anderes zu machen.« Florian Illies entlarvt diesen Satz als »frühzeitige Entschuldigung ..., dass am Ende doch nichts anderes gemacht wird. Unverbindliches Camel-Trophy-Getue.« Die *Camel Trophy* war in den 80ern und 90ern ein jährlich stattfindendes Autorennen in den unwegsamsten Gegenden der Welt, von der Zigaretten-Marke »Camel« gesponsert, unter dem Motto: »Grenzenloses Abenteuer«.

Florian Illies: »Man will sich damit immer ein Türchen offen halten. Doch irgendwann merkt man, dass man wahrscheinlich gar nicht mehr durch das Türchen passen würde, weil man zu sehr zugelegt hat. An Bequemlichkeit. An Angestelltenhaftigkeit.«[3]

Spätestens bei dem Türchen und dem Kamel wird klar, dass es sich hier nicht nur um ein vorübergehendes Problem der »Generation Golf zwei« handelt. Wir lesen in Markus 10,17-22:

> Und als Jesus sich auf den Weg machte, lief einer herbei, kniete vor ihm nieder und fragte ihn: Guter Meister, was soll ich tun, damit ich das ewige Leben ererbe? Aber Jesus sprach zu ihm: Was nennst du mich gut? Niemand ist gut als Gott allein. Du kennst die Gebote: »Du sollst nicht töten; du sollst nicht ehebrechen; du sollst nicht stehlen; du sollst nicht falsch Zeugnis reden; du sollst niemanden berauben; ehre Vater und Mutter.« Er aber sprach zu ihm: Meister, das habe ich alles gehalten von meiner Jugend auf. Und Jesus sah ihn an und gewann ihn lieb und sprach zu ihm: Eines fehlt dir. Geh hin, verkaufe alles, was du hast, und gib's den Armen, so wirst du einen Schatz im Himmel haben, und komm und folge mir nach! Er aber wurde unmutig über das Wort und ging traurig davon; denn er hatte viele Güter.

Jesus fügt dann hinzu (Vers 25):

> Es ist leichter, dass ein Kamel durch ein Nadelöhr geht, als dass ein Reicher ins Reich Gottes kommt.

Das Nadelöhr war wohl das Türchen im großen Stadttor. Dadurch konnten verspätete Reisende eingelassen werden, wenn das Stadttor schon geschlossen war. Aber ein Kamel konnte sich nur schwer hindurchzwängen. Mal sehen, ob der Reiche mit dem unverbindlichen »Camel-Trophy-Getue« durch das Türchen »Ich könnte mir vorstellen, auch mal was ganz anderes zu machen« ins Reich Gottes kommt.

Reichtum hat Folgen. Ein Unternehmensberater, der mit Spitzen der Wirtschaft zu tun hatte, vertrat im privaten Gespräch die These:

»Reichtum macht dumm, weil der Reiche meint, keine Fragen mehr stellen zu müssen. Er meint, für alles eine Antwort zu haben, weil man sich schließlich alles kaufen kann.« Eine andere These ist: »Nur wer reich ist, stellt die Luxusfragen: Ist das schon alles? Gibt es nicht doch noch höhere Werte? Gibt es ein tieferes Glück?«

Der biblische Bericht, den wir gelesen haben, beginnt mit bohrenden Fragen.

1. Bohrende Fragen

»Und als Jesus sich auf den Weg machte, lief einer herbei, kniete vor ihm nieder und fragte ihn: Guter Meister, was soll ich tun, damit ich das ewige Leben ererbe?« Der Reiche hat eine Frage. Mag sein, sie kommt aus dem Luxus, aber sie ist ihm sehr ernst. Er kommt nicht anmaßend, sondern demütig. Er achtet Jesus. Er kniet vor ihm. Er erkennt seine Autorität an. Er will nicht nur eine oberflächliche Diskussion.

Er stellt die bohrende Frage nach der besten Lebensqualität. Was ist ewiges Leben? Ewig ist Gott. Das ist nicht nur zeitlich gemeint. Ewigkeit ist Gottes schöpferische Qualität. Ewiges Leben ist also ein Leben, das jetzt Tiefe und Sinn und Reichtum hat und das selbst der Tod nicht zerstören kann.

Das Wort »erben« zeigt: Er will nicht alles jetzt. Er will Zukunft über den Tod hinaus. Der Tod ist der Superbörsencrash für alle materiellen Werte. Das ist dem Mann klar.

»Aber Jesus sprach zu ihm: Was nennst du mich gut? Niemand ist gut als Gott allein.« Warum reagiert Jesus so schroff? Er lässt sich durch Komplimente nicht einwickeln. Das kennen wir. Die Leute reden auch heute oft so entsetzlich nett über Jesus, aber sie tun nicht, was er sagt. Schrecklich, wenn unsere Gottesdienste auch nur Variationen dieser Höflichkeitslüge wären! Jesus stellt die bohrende Gegenfrage, um der Sache auf den Grund zu gehen. Der lebendige

Gott allein ist die Quelle des Lebens. Seine Antworten sind nicht unbekannt. Hier sind sie:

»Du kennst die Gebote: ›Du sollst nicht töten; du sollst nicht ehebrechen; du sollst nicht stehlen; du sollst nicht falsch Zeugnis reden; du sollst niemanden berauben; ehre Vater und Mutter.‹« Klarer geht es nicht. Leben gelingt, wenn wir den Wegweisungen Gottes folgen. Jesus nennt die Leitplanken am Rand, die uns vor dem Absturz in den Abgrund bewahren. Und er nennt eine Markierung vom Mittelstreifen des Lebensweges.

»Er aber sprach zu ihm: Meister, das habe ich alles gehalten von meiner Jugend auf. Und Jesus sah ihn an und gewann ihn lieb.« Das ist frech, oder? Aber Jesus widerspricht nicht. Er findet ihn nicht selbstgerecht und anmaßend. Er liebt ihn. Dem fehlt doch nichts, oder?

Aber weil Jesus ihn liebt, mutet er ihm eine ehrliche Diagnose zu. Und die ist erschreckend. Allerdings bietet er ihm auch zugleich die Therapie an: »... und sprach zu ihm: Eines fehlt dir. Geh hin, verkaufe alles, was du hast, und gib's den Armen, so wirst du einen Schatz im Himmel haben, und komm und folge mir nach!«

Dem Mann fehlt:

2. Rettender Reichtum

Einem Reichen zu sagen, was ihm fehlt, ist stark.

Auf der *documenta 12* in Kassel hat Romuald Hazoumé aus Benin ein Kunstwerk mit der Bezeichnung »Dream« ausgestellt: Ein langes Boot steht vor einer Fototapete, die Fluss, Palmen und Hütten im Heimatland des Künstlers zeigt. Ein paar Kinder und Jugendliche stehen am Sandufer des Flusses. Das Bild wirkt fast paradiesisch. Aber auf dem Bild gibt es keine Erwachsenen. Die sind alle nach Europa aufgebrochen und versuchen, in Booten das Meer zu überwinden, um den Traum von einem besseren Leben zu verwirklichen.

Der Lebenstraum ist durch ein langes Boot dargestellt, dessen Außenwände aus lauter abgeschnittenen Kopfteilen von 241 Plastikkanistern bestehen. Die Kanister stehen für »Haben wollen« und Ausbeutung. In Afrika geht es um Erdöl, Kupfer und Holz der tropischen Regenwälder. Die Verschlussklappen an den Kanisteröffnungen fehlen. Das Boot besteht aus lauter Löchern. Es muss versinken. An der Außenwand erinnern weiße Kreuze an die Ertrunkenen. Vier großbäuchige Flaschen hängen an den Bordwänden. In ihnen befinden sich viele kleine Papierrollen – die Abschiedsbriefe der Ertrunkenen, in denen sie den Hinterbliebenen die Vergeblichkeit ihrer Hoffnung mitteilen.

Dem Reichen, der Jesus begegnet, fehlt der Reichtum, der nicht untergeht, der Schatz im Himmel. Er setzt seine Hoffnung auf sein Vermögen. Und das ist ein Boot aus lauter Löchern. Das wird untergehen. Da muss er raus, sonst wird er ersaufen. Deshalb sagt ihm Jesus: »Verkaufe, was du hast, gib es den Armen.« Jesus weiß, dass dieser Mann innerlich vom Glauben an sein Vermögen nur loskommen wird, wenn er sich auch äußerlich davon trennt. Deshalb die radikale Aufforderung.

Sie müssen sich darüber klar werden, was das löchrige Boot Ihrer Sehnsucht ist.
◆ Der Besitz, auf den Sie sich verlassen?
◆ Das Geld, das Sie nicht haben, aber meinen, unbedingt haben zu müssen?
◆ Ihr Karriereehrgeiz, mit dem Sie über Leichen gehen und dem Sie Ehrlichkeit und Barmherzigkeit geopfert haben?
◆ Die sexuelle Beziehung zu der Frau oder dem Mann, ohne die Sie vermeintlich nicht leben können, obwohl sie gegen Gottes Ehegebot verstößt?
◆ Die Gesundheit, die angeblich die Hauptsache im Leben ist?

Jesus sagt: »Komm und folge mir nach!« Der Mann muss in das Boot einsteigen, das ihn rettet und ans Ziel bringt. Die Gemeinschaft mit dem lebendigen Gott ist der Reichtum, der keiner Inflation, keinem Börsencrash und keinem Diebstahl zum Opfer fällt. Ja, wir werden in Ewigkeit mit Gott in Herrlichkeit leben. Das ist ein Kapital, von dessen

Zinsen sich schon heute hervorragend leben lässt. Keine Vertröstung auf den Himmel. Aber eine sichere Bank, um getrost zu leben.

Benjamin Stoll hat uns in diesem Gottesdienst den Bibeltext Markus 10 gelesen. Vor Kurzem haben er und seine Frau Judith ihren fast zweijährigen geliebten Joshi beerdigen müssen. Wie viel Schmerz und Tränen! Jetzt hängt alles davon ab, dass Jesus sich als der Tröster in aller Trauer beweist und die tiefen, schmerzenden Wunden heilt. Da sind kräftige Abschlagzahlungen vom Reichtum im Himmel nötig.

Die Trennung vom löchrigen Boot macht nur Sinn, wenn man in ein sicheres umsteigen kann. Die Grundentscheidung unseres Lebens hat immer zwei Seiten: Aussteigen und einsteigen. Weggeben der Schulden und Annehmen der Vergebung und Versöhnung. Abwenden von den Götzen und Hinwenden zum lebendigen Gott.

Wie geht es mit dem Mann in unserem Bericht weiter? Er wird zu einer traurigen Figur.

3. Traurige Figuren

»Er aber wurde unmutig über das Wort und ging traurig davon; denn er hatte viele Güter.« Was ist »unmutig«? Wörtlich bedeutet es: »Er entsetzte sich über das Wort.« Oder: »Er wurde trübe.« Er schaute plötzlich finster. Warum? Er hatte doch eine klare Antwort. Jesus hatte Licht in seine Verworrenheit gebracht.

Er geht traurig weg. Die Begründung ist merkwürdig: »Denn er hatte viele Besitztümer.« Ist das denn ein Grund zur Traurigkeit?

Er weiß, dass Jesus recht hat, aber er will seinen Besitz nicht loslassen. Was war die Motivation? Sicherheit? Bequemlichkeit? Ansehen? Er will kein Entweder-Oder. Reichtum und Jesus – das hätte er sicher gern angenommen. Man will schließlich Mehrwert im Leben. Aber wir können nicht zugleich im Boot voller Löcher und im Rettungsboot sitzen. Wir müssen aus dem einen aus- und in das andere einsteigen.

Ist das der Grund, warum heute für viele Menschen der christliche Glaube nicht attraktiv ist? Es laufen so viele, die sich Christen nennen, als traurige Figuren in der Überflussgesellschaft herum. Sie können sich nicht vorstellen, dass Jesus ausreichend Sicherheit und Geltung bieten kann. Sie wollen ein Christsein ohne Entscheidung.

So bleibt es bei der Unzufriedenheit mit den unverbindlichen Möglichkeiten: »Ich könnte mir vorstellen, auch mal was ganz anderes zu machen.« Aber man macht es nicht.

Das ist nicht nur bei den Reichen so. Manche Obdachlose lassen sich auch nicht leicht helfen.

Ich hielt vor Jahren in der Marktkirche in Essen einen Gottesdienst am Heiligen Abend. Ich predigte über den Satz aus der Weihnachtsgeschichte: »... denn sie hatten sonst keinen Raum in der Herberge.« Ein Mann – leicht alkoholisiert – rief dauernd dazwischen: »Ihr redet nur. Ihr tut ja nichts. Ich habe auch keinen Raum.« Ich bot ihm an, dass er mit zu uns nach Hause kommen könnte. Er nahm an. Wir hatten einen sehr schönen Heiligen Abend mit ihm in unserer Familie. Wir sprachen über seinen weiteren Weg: Alkoholentzug war nötig, dann Reha. Er schlief bei uns. Am ersten Weihnachtstag frühstückten wir. Ich bot ihm an, sofort nach dem Gottesdienst die nötigen Verbindungen zu vermitteln. Wir fuhren ins Stadtzentrum. Am Bahnhof wollte er plötzlich aussteigen. Er ging ohne Hilfe. Hilfe war möglich, aber er wollte sie nicht mehr. Er hatte sich ans Elend gewöhnt. Das Klagen tat gut. Aber nur nichts bei sich selbst ändern. Ändern sollen sich die anderen.

Zwischen den Extremen »superreich« und »obdachlos« gibt es alle Zwischentöne. Wir haben uns auf schreckliche Weise an unser Elend gewöhnt. Die vertrauten Probleme sind uns lieber als einschneidende Veränderungen.

Und so bleibt es dabei: »Ich könnte mir vorstellen, auch mal was ganz anderes zu machen.« Aber man macht es nicht.

Gott hat sich gedacht, dass wir wirklich was ganz anderes machen können.

Auch wenn es fast unmöglich ist, dass ein Kamel durch ein Nadelöhr geht: Es muss nicht bei dem »Camel-Trophy-Getue« bleiben. Das Sehnsuchtsboot muss nicht absaufen. Wir dürfen umsteigen.

Fundbüro: Was Menschen so alles verlieren

Ich las den Roman *Fundbüro* von Siegfried Lenz. Der hat mir den Anstoß gegeben, ein Fundbüro aufzusuchen und einen kleinen Film für *ProChrist TV* darüber zu drehen. Ich war erstaunt, was Menschen alles so verlieren: jede Menge Schlüssel, Portemonnaies, Einkaufstüten mit Inhalt. Ich sah aber auch ein Hörgerät und sogar eine komplette Beinprothese.

Ich lernte im Fundbüro, dass es im *Bürgerlichen Gesetzbuch* die Paragraphen 965 ff. gibt und dass man alles, was mehr Wert als zehn Euro hat, beim Fundbüro als Fundsache abgeben muss. Das Eigentumsrecht des Besitzers soll gewahrt bleiben.

In einen unserer letzten Gottesdienste kam eine Frau, die ihre Wohnung eigentlich mit dem Entschluss verlassen hatte, ihrem Leben ein Ende zu machen. Sie hatte den Lebensmut verloren. Gibt es dafür ein Fundbüro? So viele verlieren den Sinn ihres Lebens, vertrauensvolle Beziehungen, Kraft und Hoffnung. Wer findet so etwas? Wo gibt man das ab? Wer hilft den Verlierern dazu, dass sie das Verlorene wiederbekommen?

Ich wünsche mir, dass unsere Gottesdienste Filialen von Gottes Fundbüro sind.

Am besten ist es natürlich, wenn man auf seine Sachen aufpasst und sie gar nicht erst verliert. Der zerstreute Professor ist ja sprichwörtlich. Ich habe es zwar nicht zum Professor gebracht, aber was Zerstreutheit angeht, kann ich es mit jedem Professor aufnehmen. An diesem Sonntag bin ich ohne meine Frau in Berlin. Wer weiß, was ich da alles verlieren und vergessen werde? Ich weiß gar nicht, ob ich unbeaufsichtigt in dieser Welt herumlaufen dürfte.

Also gut aufpassen, dass wir wenigstens die wichtigen Dinge nicht verlieren. Dazu hat Jesus einen Vorschlag gemacht, über den ich jetzt reden will – einen merkwürdigen Vorschlag.

Wir lesen davon in Matthäus 16,24-26:

> Da sprach Jesus zu seinen Jüngern: Will mir jemand nachfolgen, der verleugne sich selbst und nehme sein Kreuz auf sich und folge mir. Denn wer sein Leben erhalten will, der wird's verlieren; wer aber sein Leben verliert um meinetwillen, der wird's finden. Was hülfe es dem Menschen, wenn er die ganze Welt gewönne und nähme doch Schaden an seiner Seele? Oder was kann der Mensch geben, womit er seine Seele auslöse?

1. Der völlig verdrehte Vorschlag

Jesus sagt: »Denn wer sein Leben erhalten – wörtlich: retten – will, der wird's verlieren; wer aber sein Leben verliert um meinetwillen, der wird's finden.«

Kann das sein? Was heißt denn »sein Leben verlieren«?
- Gesundheit verlieren: Ich habe zwei Freunde, die schwer an Krebs erkrankt sind. Wenn man die Gesundheit verliert, ist das Leben bedroht. Also sucht man die Hilfe der Ärzte, um das Leben nicht zu verlieren, sondern zu retten.
- Sicherheit verlieren: Wer von Einbrechern heimgesucht wird oder von einem Auto überfahren wird, verliert seine Sicherheit. Da muss man doch vorbeugend möglichst was tun, oder?

- Arbeit und Einkommen verlieren: Wer seinen Arbeitsplatz verliert und kein Geld mehr verdient, der verliert die Existenzgrundlage. Da muss man kämpfen, damit die Lebensmittel beschafft werden können.
- Liebe und Anerkennung gehen verloren, wenn Beziehungen zerbrechen. Die aber sind lebensnotwendig. Da muss man doch was tun.
- Den Sinn des Lebens verlieren: Wer nicht mehr sieht, dass sein Leben einen Sinn hat, der hat keinen Antrieb mehr.
- Die Freiheit verlieren: Wer von Alkohol oder Drogen abhängig wird, verliert seine Freiheit und Selbstbestimmung.

Wenn wir andererseits das alles oder einiges davon haben, dann nennen wir das Leben. Je mehr wir davon verlieren, desto mehr Leben verlieren wir. Es ist doch völlig klar, dass wir etwas tun müssen, um das Leben zu erhalten. Wieso meint Jesus, dass wir das Leben verlieren, wenn wir es erhalten, retten wollen? Er muss unter Leben noch etwas anderes verstehen als die Summe der Liste, die wir aufgestellt haben.

Das griechische Wort für »Leben« heißt in unserem Text *psyche*. Das wird wörtlich mit Seele übersetzt. Was ist eine Seele?

Bei den Schwaben ist das eine größere Schrippe, eine Art Maxi-Brötchen. Das ist natürlich nicht gemeint. Meist verstehen wir darunter das Seelische – also die Gefühls- und Nervensachen. In der Bibel aber wird von der Schöpfungsgeschichte an der Mensch als lebende Seele (hebräisch: *nephesh*) bezeichnet, weil Gott ihm seinen Atem, seinen Geist einhaucht. Durch diese besondere Beziehung zum Schöpfer wird der Mensch zum Menschen, im Unterschied zu allen anderen Geschöpfen. Durch diese Beziehung haben wir Anteil am schöpferischen Geist Gottes. Wenn diese Beziehung unterbrochen ist, verlieren wir das Leben.

Verstehen Sie jetzt besser, was Jesus sagt? Wenn wir die Beziehung zu Gott außer Acht lassen, kann nichts unser Leben vor dem Tod retten.

Ich weiß nicht, ob Sie den Tauchsport lieben. Nehmen Sie mal den Taucher als Vergleich. Für ihn ist die Verbindung zum Sauerstoffgerät am wichtigsten. Stellen Sie sich vor, die wird getrennt. Jetzt braucht er Rettung. Was rettet ihn? Ein Schwimmer bringt ihm ein Messer und signalisiert ihm: »Das ist deine Sicherheit. Sicherheit ist das halbe Leben.« Ein anderer bringt ihm ein wasserdichtes Portemonnaie, prall gefüllt mit Geld, und signalisiert: »Wer hat, der hat.« Ein anderer kommt, streichelt ihn: »Ich habe dich wirklich lieb. Du bist ein guter Kerl! Und tüchtig bist du auch.« Was braucht der Mensch mehr als Liebe und Anerkennung? Schließlich kommt noch einer und bringt ihm eine Flasche mit dem eindeutigen Blick, der sagt: »Wer Sorgen hat, hat auch Likör.« Nun hat er ziemlich alles, was er zum Leben braucht. Nur keine Luft zum Atmen. Und deshalb verliert er das Leben, weil alle »Lebensmittel« ihn nicht retten können, wenn er keine Luft kriegt.

So geht es uns, wenn die Lebensverbindung zu unserem Schöpfer unterbrochen ist. Gesundheit und Sicherheit, Geld, Erwerbstätigkeit, Lebensmittel, Sinn, Liebe von Menschen, Anerkennung, Freiheit und Selbstbestimmung verlieren wir im Sterben. Wer sein Leben retten und erhalten will, ohne dass er mit Gott in Verbindung lebt, verliert alles. Das Wichtigste im Leben für uns Menschen ist die Atemverbindung zu unserem Lebenselement, dem Schöpfer. Wenn die unterbrochen ist, rettet uns nichts.

Wieso aber sagt Jesus, dass wir unser Leben um seinetwillen verlieren sollen, um es zu retten? Jetzt müssen wir über den schönsten Verlust, den es gibt, sprechen.

2. Der schönste Verlust

Wir müssen den Zusammenhang des biblischen Berichtes berücksichtigen. Jesus hatte mit seinen Heilungen und der Speisung von Tausenden großen Erfolg bei den Menschen. Dann aber kündigt er an, dass er von der Regierung misshandelt werden wird, leiden und sterben muss, aber auch auferstehen wird. Sein Mitarbeiter Petrus nimmt ihn zur Seite und sagt: »Das darf auf keinen Fall geschehen.

Das ist ein völlig falscher Kurs!« Jesus weist ihn schroff zurück: »Geh weg von mir, Satan! Du bist mir ein Ärgernis; denn du meinst nicht, was göttlich, sondern was menschlich ist.« (Matthäus 16,23)

Jesus ist ja Gott selbst. Und er tut aus Liebe, was sonst keiner kann: Er identifiziert sich total mit uns. Dieses Fremdwort heißt übersetzt: Jesus wird derselbe wie ich. Niemand kann in meine Person. Jesus kann es und tut es. Er zieht sich auch die dunklen und bösen Teile meiner Person an und erleidet die bitteren Konsequenzen meines Lebens. Jesus verliert sein Leben am Kreuz. In seinem Grab wird alles, was mich von Gott trennt, beerdigt. So rettet er mein Leben und schafft mir eine neue, schöpferische Verbindung mit Gott.

Die Gestalt des gekreuzigten, auferstandenen und segnenden Christus hier in der Kaiser-Wilhelm-Gedächtnis-Kirche erinnert uns intensiv an die Schönheit und Tiefe der Liebe Gottes: Er beweist seine Liebe im Opfer für uns. Er stirbt unseren Tod.

Im Angesicht dieses Jesus Christus können wir aufhören, uns in uns selbst zu verkrampfen, uns zu verteidigen und gegen Gott zu rebellieren. Wir dürfen aus dem Koma unserer Gottvergessenheit aufwachen. Wir können Gott Recht geben und eingestehen, dass wir besserwisserisch ohne Gott gelebt haben, dass wir die Beziehung zu Gott und zu den Mitmenschen zerbrochen haben.

Und wenn wir das vor Gott eingestehen, dann zieht Jesus uns ganz in sein Sterben und Auferstehen hinein. »Mit Christus gekreuzigt«, sagt die Bibel (Galater 2,19). Das alte Leben ist mit ihm begraben.

Die Bibel benutzt auch das Zeichen der Taufe: Der alte Mensch wird in den Tod von Jesus hineingenommen und so gewissermaßen ersäuft wie in einem Fluss. Wir verlieren das eigensüchtige Leben an Jesus. Das ist der schönste Verlust.

Aber dagegen gibt es Protestgeschrei: Der alte Mensch in mir protestiert und wehrt sich. Er will nicht sterben. Er sagt: »Das kannst du nicht machen. Du gibst dich ja selber auf. So schlecht bist du nicht.

Fehler haben wir alle. Es muss doch andere Lösungen geben. Sei nicht so engstirnig!«

»Gut«, sage ich, fast schon wieder überzeugt von meinem bisherigen Lebenskonzept ohne Gott. »Es muss doch andere Möglichkeiten geben.«

Jesus antwortet mir: »Was hülfe es dem Menschen, wenn er die ganze Welt gewönne und nähme doch Schaden an seiner Seele? (Hier steht wieder *psyche*: Seele ist Leben) Oder was kann der Mensch geben, womit er seine Seele (wieder: Leben) auslöse?«

Wieso? Wer die Welt gewinnt, hat vermutlich einen Haufen Geld. Und damit kann man sich viele Lösungen kaufen, oder? Jesus sagt: »Das hat keinen Nutzen für dich.«

Nehmen wir einen Vergleich: Wenn ein LKW das Brückengeländer einer Brücke durchbricht, stürzt er in den Abgrund. Da hilft es ihm nicht, wenn er mit allen Reichtümern der Welt beladen ist. Er ist von der Spur abgekommen. Er hat keine Straße mehr unter den Rädern. Er stürzt und der Fahrer kommt um. Je schwerer der Wagen beladen ist, also je mehr er hat, desto schneller stürzt er.

Jesus weiß, dass diese Gegenstimmen von innen kommen, wenn er uns einlädt. Und möglicherweise hören Sie diese Stimmen jetzt sehr laut in sich. Darum fordert Jesus uns auf: »Will jemand mir nachfolgen, der verleugne sich selbst und nehme sein Kreuz auf sich und folge mir nach.«

Sich selbst verleugnen? Sie kennen das vom Telefon. Die Sekretärin behauptet: »Der Chef ist nicht da, er ist nicht zu sprechen.« Er lässt sich verleugnen. So machen wir es beim Anruf des inneren Gegners. Er will auf uns Einfluss nehmen und uns von Jesus abbringen: »Lass dich nicht auf Jesus ein!« Aber ich bin für mich selbst nicht zu sprechen. Ich verleugne mich selbst. Ich habe kein Ohr für meinen Widerstand gegen Gott.

Und was tue ich, wenn ich der Einladung von Jesus folge? Ich nehme mein Kreuz auf mich. Was bedeutet denn das?

Es ist ein sehr ernster Augenblick, wenn der zum Tode Verurteilte sein Kreuz auf sich nehmen muss. Der ganze Prozess ist vorbei. Das Todesurteil ist gefällt. Alle rechtlichen Möglichkeiten sind ausgeschöpft. Jetzt geht es an die Vollstreckung des Urteils. In diesem Augenblick muss der Verurteilte nach römischer Gewohnheit das Kreuz oder wenigstens den Querbalken schultern und wird zum Hinrichtungsplatz geführt. Jetzt hat er keine Chance mehr, mit dem Leben davonzukommen.

Das sollen wir tun, sagt Jesus. Für den Gegner in uns nicht mehr zu sprechen sein, stattdessen bereit, den alten Menschen zur Hinrichtung führen zu lassen. Wir geben damit Gott in seinem heiligen Urteil Recht.

So verliere ich mein altes Leben, meine Selbstgerechtigkeit, Gottlosigkeit, Verlogenheit, Heuchelei, meine materielle und sexuelle Gier, meine Unbarmherzigkeit und Arroganz. Das ist der schönste Verlust, den es gibt. Der gottlose Sammler in uns klammert sich an den alten Kram, den er für das Leben hält. Aber ohne diesen Verlust gewinnen wir die rettende Atemverbindung zum Schöpfer nicht.

Und wie geht es dann weiter?

Wir müssen jetzt noch einen Blick über die Rettung hinaus auf den neuen verschwenderischen Lebensstil in der Gemeinschaft mit Gott werfen. Sie sollen doch wissen, was Sie gewinnen und worauf Sie sich mit Jesus einlassen.

3. Der verschwenderische Lebensstil

Wir empfangen das neue Leben durch Jesus. Jetzt werden wir ganz von seinem Lebensstil geprägt. Die Verbindung zu Gott ist gesichert. Für Nachschub an Liebe und Kraft ist gesorgt. Zugleich sind die Verbindungen zu den anderen Menschen erneuert, versöhnt, geheilt.

Das heißt: Gottes Leben kann jetzt durch unser Leben zu anderen fließen.

Die Adern sind in unserem Körper, damit Blut hindurchfließen kann. Wenn das geschieht, leben wir. Wenn die Adern sagen würden: »Ich muss sparen, stoppt den Durchfluss des Blutes«, dann bedeutet das Verstopfung, Lebensgefahr, Tod. Auch die Ader selbst lebt nur, solange Blut in ihr weiter fließt.

Die Nerven sind in unserem Körper, um Impulse vom Gehirn in die verschiedenen Körperbereiche weiterzuleiten. Weiterleiten ist ihr Leben. Unterbrechung, Trennung, Stopp der Weiterleitung heißt Lähmung, vielleicht sogar Tod.

So wird unser Leben von der verschwenderischen Liebe Gottes geprägt. Gott verschenkt sich in Jesus. »Wie sollte er uns mit ihm nicht alles schenken«, staunt Paulus (Römer 8,32).

Siegfried Lenz beschreibt in seinem Roman *Fundbüro* den jungen Henry Neff, der sich einen Job im Fundbüro des Bahnhofs gesucht hat. Er staunt, was die Leute alles so verlieren und entdeckt, dass er im Grunde sich selbst verloren hat und sich sucht. Er macht einen Besuch bei seiner Kollegin Barbara und sieht an der Wand ihres Wohnzimmers ein Foto von einem Motorradfahrergottesdienst mit Pastor und so. Halb scherzhaft macht er den Vorschlag: »Man sollte einen Pastor fürs Fundbüro haben. Der könnte zweimal am Tag die Verlierer segnen.«

Ja, so ein Pastor möchte ich sein. Segnen ist das, was Jesus tut. Er beschenkt uns nicht nur, er verschwendet sich selbst für uns. Er hat sich aus Liebe zu uns am Kreuz total verloren. Die passende Antwort darauf ist, dass wir nun unser Leben aus Dankbarkeit an ihn verlieren und aus Liebe an die Menschen verschwenden.

Wir arbeiten dann bildlich gesprochen in Gottes Fundbüro mit. Wir telefonieren hinter den Menschen her. Wir sagen ihnen: »Der Sinn eures Lebens ist gefunden worden – am Kreuz von Golgatha.« Wir ringen um die Menschen, die schon frustriert aufgegeben und kein

Interesse mehr an ihrem Leben haben. Wissen Sie nicht, was Sie verloren haben? Wissen Sie nicht, wo Sie es verloren haben und wieder finden können? Denken Sie, der Aufwand lohnt sich nicht?

Machen Sie mit in Gottes Fundbüro! Wir werden dann auch jede Menge Finderfreudefeste feiern. Davon erzählt Jesus. Bei Gott ist Freude über jeden Sünder, der heimkehrt, über jeden Verlorenen und jeden Verlierer, der gefunden wurde. Helft mit, feiert mit, freut euch mit.

Mag sein, dass Ihnen der Vorschlag von Jesus zuerst völlig verdreht vorkam. Aber er stellt die Verhältnisse vom Kopf auf die Füße. Wenn Sie das annehmen wollen, dann stimmen Sie dem schönsten Verlust zu, den Sie erleben können: Sie verlieren das bisherige Leben an Jesus und gewinnen ein beziehungsreiches Leben mit dem verschwenderischen Lebensstil der Liebe.

Auf der Flucht vor den Folgen des Lebens

Der Psychologe Stephan Grünewald berichtet in seinem sehr interessanten Buch mit dem Titel *Deutschland auf der Couch* auf der Grundlage von 25000 ausgewerteten Interviews über die Einstellung der Menschen in Deutschland zum Leben. Mittendrin aber erzählt er plötzlich eine erschütternde persönliche Erfahrung von der Geburt seines behinderten Kindes.

Die Eheleute ließen keine Fruchtwasseruntersuchung während der Schwangerschaft machen. Sie hatten Gründe dafür. Sie erwarteten keine Behinderung. Aber sie wollten auch nicht die Entscheidung über Leben und Tod treffen, falls eine entsprechende Diagnose gestellt würde. Im Kreißsaal erkennt der Vater dann, dass sein Kind Downsyndrom hat. Er schreibt: »Die Zeit stand still, mir wurde schwindelig, und die allgemeine Sprachlosigkeit wurde erst durch die vorwurfsvolle, fast anklagende Frage des Oberarztes durchbrochen, ob wir denn vorher keine Vorsorgeuntersuchung gemacht hätten.«

In der vorwurfsvollen Frage liege der Anspruch, schreibt Grünewald, dass es in unserem Leben möglichst keine Konsequenzen geben solle, die uns auf Dauer festlegen.

Stephan Grünewald meint, dass in Deutschland eine versteckte Vision vom Paradies im Diesseits die Menschen bestimme: Leben ohne Schicksalsschläge, ohne Schmerzen, Mühe und Entwicklungsanstrengungen. Das gibt es natürlich nicht. Also flüchten wir in simulierte Erlebnisse der TV-Welt, träumen von der Machbarkeit aller Dinge, von ewiger Jugend und Gesundheit, vom Paradies im Urlaub. Das Ganze hat leider schlimme Folgen: Wir verlieren die Fähigkeit, den Alltag zu bewältigen. Statt im Paradies enden wir in der Hölle rastloser Erschöpfung. Das hat verheerende Auswirkungen für die Einzelnen, aber auch eine lähmende Wirkung auf unsere Gesellschaft. Es fehlen die Bereitschaft und die Kraft, notwendige Veränderungen anzupacken und durchzustehen.

Eigentlich begreift ja jeder, dass das ein Wahnsinn ist. Müsste uns nicht jemand wachrütteln?

Genau zu diesem Zweck lesen wir einen Bericht aus dem Lukasevangelium mit Worten von Jesus, die aufwecken und aufschrecken könnten. Hoffentlich ist der Panzer um unser Gewissen noch nicht so dick, dass nichts mehr durchdringt.

Ich lese aus dem Lukasevangelium Kapitel 9,57-62:

> Und als sie auf dem Wege waren, sprach einer zu ihm: Ich will dir folgen, wohin du gehst. Und Jesus sprach zu ihm: Die Füchse haben Gruben und die Vögel unter dem Himmel haben Nester; aber der Menschensohn hat nichts, wo er sein Haupt hinlege. Und er sprach zu einem andern: Folge mir nach! Der sprach aber: Herr, erlaube mir, dass ich zuvor hingehe und meinen Vater begrabe. Aber Jesus sprach zu ihm: Lass die Toten ihre Toten begraben; du aber geh hin und verkündige das Reich Gottes! Und ein andrer sprach: Herr, ich will dir nachfolgen; aber erlaube mir zuvor, dass ich Abschied nehme von denen, die in meinem Haus sind.

Jesus aber sprach zu ihm: Wer seine Hand an den Pflug legt und sieht zurück, der ist nicht geschickt für das Reich Gottes.

Das klingt hart, extrem, ja unmenschlich fordernd, oder? Pietätlos auch! Den Vater anständig beizusetzen gehört zur Erfüllung des Gebotes »Du sollst die Eltern ehren«. Jedenfalls hört es sich nicht kundenfreundlich an, was Jesus sagt.

Aber wenn Sie berücksichtigen, dass wir uns auf der Flucht vor den Folgen des Lebens über die Wirklichkeit täuschen, dann hören wir in den wachrüttelnden Worten von Jesus vielleicht das Erbarmen, mit dem er uns retten will.

Anstatt Flucht vor den Folgen des Lebens
Aufbruch zum Leben!

Das ist es, was Jesus bewirken will.

1. Brich auf mit dem obdachlosen Gott!

Ich lag neulich nachts wach. Da stand ich auf und ging an die Vorbereitungen dieser Predigt. Ich saß im Sessel in meinem Arbeitszimmer. Ich hatte ein Dach über dem Kopf, war umgeben von Bücherwänden und Dingen, die mir vertraut sind. Ich fühlte mich geborgen. Ringsum die Stille der Nacht. Und dann dieses Wort vom obdachlosen Jesus. Bin ich bereit, dem zu folgen? Bin ich berechtigt, seine Worte in den Mund zu nehmen?

Warum sagt Jesus das?

Will er den Mann abschrecken? Muss Jesus nicht froh sein, dass einer ihm so begeistert nachfolgen will? Jesus sieht die Ahnungslosigkeit des Mannes. Die Enttäuschung und Ernüchterung wird unweigerlich folgen. Der Mann erhofft sich vielleicht Vorteile. Aber es wird ihm nicht besser gehen als Jesus. Jesus nutzt Leichtfertigkeit und Begeisterung nicht aus. Was so schroff klingt, ist bewahrende Fürsorge: »Weißt du, auf wen du dich da einlässt?«

Meine Frau und ich haben im Urlaub an der Müritz in Mecklenburg Fischadler beobachtet. Sie hatten ihr Nest hoch auf den Masten der Stromleitungen. Zwei Eier waren ausgebrütet worden. Die Jungen waren flügge. Der Vater lehrte sie jetzt Fische fangen. Im September fliegen sie nach Afrika und werden im nächsten Jahr zurückkehren. Das ist eine wunderbare Ordnung der Schöpfung. Jesus bestätigt dieses natürliche Grundrecht der Tiere. Er nennt die Vögel und die Füchse.

Natürlich haben Menschen das Recht auf ein Zuhause. Je reicher und mächtiger sie sind, desto mehr Recht auf Zuhause können sie sich leisten. Am Drewitzer See haben wir die Datscha von Erich Honecker gesehen, ein Jagdschloss, das er nur zweimal benutzt hat. Dafür können jetzt die Touristen in der Honecker-Suite in traumhafter Landschaft übernachten.

Jesus nennt sich selber den »Menschensohn«. Das klingt nach Menschenskind. Aber seit der großen Vision, die Gott dem Propheten Daniel (Daniel 7,13-14) gegeben hat, bezeichnet Menschensohn den Weltherrn und Weltrichter. Er ist Eigentümer des Universums. Und der soll nicht einmal das selbstverständliche Recht der Vögel und Füchse genießen?

Unmittelbar davor wird berichtet, dass ihm in einem Dorf das Übernachtungsquartier verweigert wurde. Seinen Eltern wird zu seiner Geburt das nötige Zimmer verweigert: kein Raum in der Herberge in Bethlehem. Und im Johannesevangelium steht wie eine schreckliche Überschrift über der ganzen Jesus-Geschichte: »Er kam in sein Eigentum; und die Seinen nahmen ihn nicht auf.« (1,11)

Das nimmt Jesus in Kauf. Gott verlässt das ewige Zuhause. Er will uns Menschen retten, die wir besserwisserisch unser Zuhause bei Gott, dem Vater, verlassen haben. Wir dachten, wir könnten was Besseres finden. Jetzt irren wir durch unser Leben und wissen nicht, wo wir zu Hause sind.

So war es von Anfang an, als Gott seine Suchaktion und Rettung startete. Mit Abraham startet Gott. Er ruft ihn, sein Zuhause zu verlassen. Abraham bricht auf und ist unterwegs in das verheißene Land, das er noch nicht kennt. Er lebt wie ein Nomade in Zelten: Aufbauen, abbrechen, weiterziehen. Kein festes Dach über dem Kopf. Er ist Ausländer auf Gottes Befehl hin, ohne festes Wohnrecht.

Später befreit Gott das Volk Israel aus der Sklaverei in Ägypten. Das Volk zieht 40 Jahre durch die Wüste: Zelte aufbauen und abbauen, kein Zuhause. Und Gott zeltet mit ihnen auf dem Weg aus der Sklaverei ins verheißene Land.

Das alles sind nur Vorspiele zum entscheidenden Aufbruch zur Rettung. Gott wird Mensch in Jesus. Er wird obdachlos, weil er uns Heimatlose nach Hause bringen will.

Der Bericht in Lukas 9,57 beginnt mit den Worten: »Als sie auf dem Weg waren ...« Jesus ist direkt nach Jerusalem unterwegs. Er ist auf dem Weg zum Kreuz und zur Auferstehung, zur Rettung.

In dem schockierenden Wort ist die ganze rettende Barmherzigkeit Gottes ausgedrückt: »Weißt du, auf wen du dich da einlässt? Er ist obdachlos, weil er dich sucht. Und wenn du dich von ihm finden lässt, dann nimmt er dich mit auf die Suche nach den vielen Heimatlosen, die Gott vergessen haben.« Jesus ist bis heute so unterwegs. Erst am Ziel in Gottes neuer Welt machen wir es uns richtig bequem. Bis dahin sind wir unterwegs.

Die Menschen, die Jesus folgten, nannte man am Anfang nicht Christen. Der Name kam erst später auf. Zuerst hießen sie »die Leute des Weges« (Apostelgeschichte 9,2). Es waren keine religiösen Nesthocker, keine weltanschaulichen Standpunkt-Vertreter. Christen sind mit Jesus unterwegs. Wir sind dankbar für das Dach über dem Kopf, aber wir haben kein Dauerwohnrecht in dieser Welt. Hier sind wir unterwegs, um Menschen zu suchen und zu retten. In Gottes Welt sind wir zu Hause.

Ist der Mann, den Jesus so schockierte, Jesus gefolgt oder nicht? Der Bericht bleibt in der Bibel offen. Wir sollen die Geschichte zu Ende leben.

2. Lauf nicht in die Todesfalle!

Den zweiten Mann ruft Jesus: »Folge mir!« Er ist bereit. Aber mit einer Bedingung: Zuerst will er seinen Vater begraben.

Klar, das ist anständig. Das entspricht dem Gebot Gottes, die Eltern zu ehren. Und selbst heute kommen Familien, die sich fast nie treffen, bei Beerdigungen zusammen.

Frank Schirrmacher hat in seinem Buch *Minimum* erklärt, dass zum Überleben nur die Familie hilft. Wenn es die nicht mehr gibt, hätten wir keine Chance. Freundschaftsnetzwerke halten nicht durch. Er beschreibt gnadenlos diese Erfahrung und fordert, dass wir aus Gründen der Selbsterhaltung durch Zeugung und Geburt von genügend Kindern für das Minimum an Familie sorgen.

Will Jesus dieses rettende Netz zerstören? Wir sind ja gerade dabei, die Familienwerte wieder richtig hochzuhalten. Und dass der Mann an die Beerdigung seines Vaters denkt, ist auch vorbildlich. Die ängstliche Vermeidung von allem, was an Tod und Sterben erinnert, ist zwar nicht neu, aber heute sehr weit verbreitet. »Der alte Goethe wich Tod und Begräbnissen weiträumig aus.« So berichtet Hellmuth Karasek in seinem Buch *Süßer Vogel Jugend*. Flucht aus Angst, ist es das, was Jesus empfiehlt?

Wozu ruft Jesus: »Du aber geh los und sage Gottes Herrschaft an!«? Es gibt keinen Grund mehr, Respekt vor der Ausweglosigkeit und Allmacht des Todes zu haben. Das Leben ist angesagt – und zwar Leben, das den Tod nicht fürchten muss.

So reden wir ja heute. Berlin-Mitte, Prenzlauer Berg – das ist eine angesagte Wohngegend. Welche Cafés und Restaurants sind angesagt? Es gibt angesagte Musik und natürlich bestimmte angesagte

Klamotten. Und Sie wissen ja, Latte Macchiato ist angesagt, das Entscheidungsvermeidungsgetränk – viel Milch, aber eigentlich ein starker Espresso. Manches, was heute angesagt ist, tut nur den letzten Schrei. Es ist schon mausetot, kaum ist es angesagt.

Angesagt ist Gottes Herrschaft, seit dem Ostermorgen, als Gott Jesus auferweckte. Alles andere verwest, und sei es noch so modisch. Was lachen wir, wenn wir Fotos aus den 50ern, 60ern, 70ern sehen. Unmögliche Klamotten, Frisuren, Brillen!

Jesus will nicht, dass der Mann in die Todesfalle läuft: keine Verbeugung vor der Allmacht des Todes!

Hellmuth Karasek schreibt: »Dass einen ein Sprungtuch rettet, wenn man von einem hohen hundertstöckigen Hochhaus springt,... so haltbar ist kein Tuch und keine Religion, das glauben nur Märtyrer und Selbstmordattentäter. ... Der harte Aufprall lässt unser Leben in einem spritzenden Nichts zerplatzen... Vor dem Tod sind alle Menschen gleich – egal, was danach passiert oder nicht.«[4]

Danach begegnen wir dem Gott, der unser Leben gemacht hat. Sie werden sich wundern, wie groß die Unterschiede sind. Aber nur ein Unterschied wird zählen: Vergebung der Schuld durch Jesus – »Christi Blut und Gerechtigkeit, das ist mein Schmuck und Ehrenkleid, damit will ich vor Gott besteh'n, wenn ich zum Himmel werd eingeh'n.« In den Armen des gekreuzigten und auferstandenen Christus werde ich aufgefangen. Nur er hat die Kraft, uns aufzufangen. Es gibt kein Sprungtuch.

Warum erlaubt Jesus dem Mann nicht, zuerst noch die Beerdigung seines Vaters zu organisieren? In dieser Lage geht es um das »zuerst«. Nicht die Zeitfolge, sondern die Rangfolge ist wichtig. Jesus will nicht, dass Menschen in der Todesfalle verenden. Jeder soll hören, dass die Lebensregie des Auferstandenen angesagt ist. Auch hier.

Was hat der Mann getan? Ist er Jesus gefolgt? Der Bericht ist offen. Wir sind aufgerufen, den Bericht weiterzuleben.

Lassen Sie sich sagen: Jesus ist auferstanden. Der Tod ist besiegt. Und kommen Sie mit, die Welt braucht Ansager dieser rettenden Botschaft.

3. Leb nach vorne!

Der Dritte ist bereit, Jesus zu folgen. Auch er ist der Ja-aber-Typ. Auch er hat ein »Zuerst«, das erledigt werden muss. Auch bei ihm geht es nicht um die Zeitfolge, sondern um die Rangfolge.

Wieso will er Abschied nehmen? Jesus hat mit ihm vor, dass er einen Acker pflügt, um zu säen, damit Frucht wächst. Für wen denn? Lebensmittel für die Menschen werden wachsen, wenn er pflügt und sät. Wenn man die Geschichte zu Ende denkt und lebt, dann kommt für alle etwas dabei raus. Also, nach vorne denken und leben!

Nostalgie ist die schwärmerische Rückwendung zu früheren Zeiten, wie man im Fremdwörter-Duden lesen kann. Das ist menschlich. Selbst wenn die Vergangenheit nicht paradiesisch war, ist sie uns bekannt und vertraut. Das Neue ist unbekannt und fremd. Es macht uns Angst.

Der Blick zurück ist aber meist trügerisch. Wir sehen ein verfälschtes, verklärtes Bild. Israel träumte sich auf der Wüstenwanderung zurück zu den Fleischtöpfen Ägyptens. Ihnen lief bei der Erinnerung das Wasser im Mund zusammen. Dabei hatten sie dort rohes, blutendes Fleisch auf dem Rücken von den Peitschenhieben der Sklaventreiber.

Ich fürchte, dass wir alle keine Erfahrung mit dem Pflügen haben – schon gar nicht mit dem Umgang mit alten Handpflügen, von Rind oder Pferd gezogen, hinter denen man hergeht. Mit beiden Händen hält man die Griffe und zieht die Furche gerade nach vorn. Macht nichts. Vorstellen kann sich das jeder. Und ein schöneres Bild kann es kaum geben.

Jesus will uns an eine Arbeit stellen, durch die wichtige Lebensmittel für die Menschen wachsen. Wir trennen uns in Wirklichkeit nicht von den Menschen, wenn wir Jesus folgen. Wir dienen ihnen. Aber das Werk gelingt nur, wenn wir zielstrebig nach vorne schauen und leben.

Sören Kierkegaards Wort gilt: »Verstehen kann man das Leben rückwärts, leben muss man es aber vorwärts.« Das steht nicht im Widerspruch dazu, dass wir uns dankbar erinnern, was Gott in der Vergangenheit an uns getan hat. Auch die Erinnerung an Schreckliches in der Geschichte, um daraus für die Zukunft zu lernen, kritisiert Jesus nicht. Es geht überhaupt nicht um Lebensweisheit und Benimm-Regeln.

Mit Jesus ist die heiße Phase von Gottes Rettungsaktion für die Welt angebrochen.

In der letzten Woche hörte ich einer Unternehmerin zu. Sie ist für 150 Mitarbeiterinnen und Mitarbeiter verantwortlich. Als bei ihr vor einigen Jahren Krebs diagnostiziert wurde, waren ihre zwei Kinder zwei und fünf Jahre alt. Sie musste alles durchmachen: Operation, Chemo, Bestrahlungen. Sie habe viel gelernt, erzählte sie: Was ist wichtig, was nicht? Sie fragte nach Gottes Prioritäten, nach der Verantwortung für sich selbst, für ihre Familie, die Kunden, die Mitarbeiter, die Lieferanten, die Gesellschaft. Sie hat ihre Aufgaben konzentriert, die Zeit neu eingeteilt. Das Unternehmen wächst. Ich habe eine Frau erlebt, die nach vorne auf Gottes Ziel hin lebt. Sie pflügt einen Acker mit geraden Furchen. Und es ist nicht nur gesät, es ist auch schon gewachsen. Die Früchte konnten andere Menschen bereits genießen.

An dem Abend, als sie von ihrer Krankheit berichtete, war sie vielen Menschen eine Ermutigung, Jesus zu folgen. So wünsche ich mir das auch heute.

Bitte, feiern Sie nicht wehmütig irgendwelche Abschiede. Schauen Sie nicht auf das, was Sie hinter sich lassen. Ziehen Sie die Furche nach vorn, damit Samen gesät werden und wachsen können. Ihr

Leben soll Folgen haben: Es soll und wird Frucht bringen zur Ehre Gottes und zur Hilfe für Menschen.

Cool bleiben: Schützt Gleichgültigkeit vor Verletzungen?

Kinder sind niedlich. Sie können Theater und Wirklichkeit nicht unterscheiden. Im Kasperle-Theater schreien sie laut: »Kasper, pass auf! Der Räuber kommt. Er ist bewaffnet.« Sie können nicht einfach Zuschauer bleiben. Für sie ist alles auf der Bühne echtes Leben.

Na ja, Fußballfans vor dem Fernseher brüllen auch den Schiedsrichter und die Spieler an. Sie können auch die Distanz nicht halten.

Neuerdings geht das Spiel andersherum. Die coolen Typen verhalten sich im echten Leben so distanziert, als fände es gar nicht wirklich statt. Psychologen haben beobachtet, dass zuerst die Jugendlichen Anfang der 90er Jahre sich von den Alten durch diese Lebenshaltung absetzen wollten. Sie fanden es blöd, dass die Alten sich als 68er aufgeregt hatten und jetzt nur noch mit wehmütigen Erinnerungen auf der Couch saßen. Den Onkel aus dem Osten, der früher überzeugter Sozialist war und jetzt nur noch frustriert und verbittert ist, fanden sie uncool. An den Opa, der als Nazi »Heil Hitler!« schrie und nachher von nichts gewusst haben wollte, hatten sie nur blasse Erinnerungen. Aber die vereinigte Begeisterung für die Anbetung der D-Mark haben sie noch selber erlebt. Die Enttäuschung, den Neid und Ärger über die ungerechte Verteilung der Knete dann auch.

Was haben sie daraus gelernt? Von keiner Begeisterung mitreißen lassen (Fußball kurzfristig ausgenommen.)! Die seelische Betriebstemperatur niedrig halten, damit die Seele nicht explodiert und verbrennt. »Der coole Mensch ist unverwundbar.« So fasst der Psychologe Stephan Grünewald den Befund zusammen.

Der Hammer ist, dass diese Protesthaltung der jungen Leute Mitte der 90er von den Alten übernommen wurde und seitdem bis heute zur beherrschenden Lebenseinstellung geworden ist. Wer nicht hoch aufsteigt, kann auch nicht abstürzen. Diese Generation will keine großen Ziele haben, für die man sich begeistern, für die man Opfer bringen könnte: Cool bleiben, um sich vor Verletzungen zu schützen.

Das ist die Zeit von Comedy. Stefan Raab und Harald Schmidt machen Karriere. Abends wird alles durch den Kakao gezogen, damit man nur ja nichts mehr ernst nimmt. Das ist Verletzungsschutz und Schmerzvermeidungsstrategie.

Aber mit diesen faulen Tricks kann man natürlich das Leben nicht wirklich bewältigen und gestalten. Schließlich sitzen wir ja nicht nur vor der Glotze. Zwischendurch müssen wir tatsächlich leben – und nicht nur aufs Klo. Wir müssen wirkliche Probleme lösen. Wir brauchen Veränderungen. Aber es fehlen die Kraft und der Mut, sie anzupacken. Es fehlen die Ziele, für die es sich zu leben und zu leiden lohnt.

Wie aber kann man unter diesen Bedingungen wirklich leben? Wir lesen in der Bibel einen Kontrastbericht über das wirkliche Leben. Die schmerzhafte Wirklichkeit wird nicht beschönigt oder verdrängt. Und zugleich lernen wir, wo die Kraft zur Veränderung herkommt. Und das Besondere an den Berichten der Bibel gilt auch für den Bericht, den wir heute lesen: Es ist ein Lebensbericht, in den jeder von uns mit seinem Leben einsteigen kann.

Wir lesen im Matthäusevangelium 9,35–10,1:

> Und Jesus ging ringsum in alle Städte und Dörfer, lehrte in ihren Synagogen und predigte das Evangelium von dem Reich und heilte alle Krankheiten und alle Gebrechen. Und als er das Volk sah, jammerte es ihn; denn sie waren verschmachtet und zerstreut wie die Schafe, die keinen Hirten haben. Da sprach er zu seinen Jüngern: Die Ernte ist groß, aber wenige sind der Arbeiter. Darum bittet den

Herrn der Ernte, dass er Arbeiter in seine Ernte sende. – Und er rief seine zwölf Jünger zu sich und gab ihnen Macht über die unreinen Geister, dass sie die austrieben und heilten alle Krankheiten und alle Gebrechen.

1. Hinsehen, bis es schmerzt!

Jesus sah die Massen, heißt es. Wenn man Massen sieht, stumpft man gewöhnlich ab. Vor lauter Masse kann man die Einzelnen und ihr besonderes Leben gar nicht mehr wahrnehmen. Das war bei Jesus ganz anders. *Er* war ganz anders. Er war Gott – als Mensch zu Fuß in unserer Menschenmassenwelt unterwegs.

Er sah die Massen und bekam bei ihrem Anblick Schmerzen. Barmherzigkeit ist nicht nur ein Mitleidsgefühl. Wörtlich heißt das griechische Wort, das hier steht: »Schmerzen in den Därmen«.

Ich hatte einmal auf einer Reise in Indonesien einen Darmkatarrh mit schrecklichen Schmerzen. Ich bin nachts wie ein Tier auf dem Boden gekrochen. Ich hatte mich in der tropischen Hitze im Haus eines Deutschen zu einer eiskalten Erdbeermilch verführen lassen. Das musste ich bitter büßen.

Jesus hatte keinen Darmkatarrh. Aber das Elend der Menschen ging ihm tief unter die Haut. Er sah hinter die Fassade der Geschäftigkeit und Tüchtigkeit. Auch hinter die Fassade der coolen Gesichter.

Er sieht die Menschen wie misshandelte und auf dem Boden liegende Schafe, die keinen Hirten haben, der sich um sie kümmert. Hirte – das ist in der Bibel ein Bild für die Führungskräfte in Politik, Wirtschaft und Religion. Sie haben die Menschen ausgenutzt und tödlich verwundet liegen gelassen. Sie haben ihnen bei lebendigem Leib das Fell über die Ohren gezogen.

An Jesus können wir sehen, was wirklich Souveränität, königliche Überlegenheit und Selbstbestimmung ist. Gott wird Mensch. Er bleibt nicht cool. Er lässt sich tödlich verletzen. Und das nicht nur gefühlsmäßig. Der Weg führt weiter bis Jerusalem, wo sie ihn anspucken, auspeitschen und ans Kreuz nageln, ihn ersticken und verbluten lassen. Er hätte sich doch cool raushalten können.

In einem Hotel fand ich eine Hochglanz-Zeitschrift über Wellness und Lebensgenuss. Sie trug den Namen »Epikur«. Der griechische Philosoph Epikur lehrte, wie man das Leben zufrieden genießen kann. Er lehrte auch etwas über Gott. Nach seiner Meinung lebten die Götter irgendwo in Zwischenwelten in Glückseligkeit und kümmerten sich nicht um die Menschen. Seine Götter waren echt coole Typen.

Wie schwer fällt es uns, umzudenken und anzunehmen, dass der lebendige Gott kein cooler, sondern ein barmherziger Gott ist, der sich um uns kümmert, der nicht nur *an* unseren Schmerzen leidet, sondern direkt unsere Schmerzen erleidet. »Er lud auf sich unsere Schmerzen«, sagt der Prophet über den Gottesknecht voraus (Jesaja 53,4).

Schmerzen machen schrecklich hilflos und ohnmächtig. Deshalb haben wir solche Angst davor. Deshalb wollen wir sie um jeden Preis vermeiden. Jesus will die Schmerzen nicht vermeiden. Er nimmt sie auf sich. Er erleidet die Folter und den Tod am Kreuz. Und das ist nicht das schreckliche Ende, sondern er sieht die große Ernte schon vor sich. Er sieht das Elend der Menschen im Licht der Rettung. Wie kann das sein?

2. Die begeisternde Vision

Jesus sieht das schmerzende Elend der Menschen. Aber er sagt: »Die Ernte ist groß.« Wieso ist das große Elend eine große Ernte? Ernte ist doch etwas Positives, ein Ergebnis, ein Reichtum. Ist Jesus so ein findiger, windiger Geschäftsmann, der aus Dreck Gold macht und aus dem Elend der Menschen Profit schlägt? Ein Rechtsanwalt wird gefragt: »Wie geht's?« Seine Antwort: »Sehr gut. Ich habe viel zu klagen.«

Jesus ist nicht Geschäftsmann, auch nicht Rechtsanwalt (nichts gegen die beiden Berufsgruppen!). Jesus redet zuerst als der Hirte. Er sieht die Menschen wie Schafe, die zerstreut, verhungert, verdurstet, verletzt und zusammengebrochen daliegen. Er will nicht, dass ihr Leben kaputt geht. Er will sie nach Hause bringen.

Dann redet er wie ein Landwirt, der das Feld reif zur Ernte sieht. Ernte heißt: Frucht ist gereift. Das Leben wird Ergebnisse bringen, von denen viele leben können. Wie kann Jesus so optimistisch reden, wo er doch vorher gesagt hat, dass die Menschen zerstreut, verdurstet und verhungert zusammengebrochen sind?

Er kann das, weil er, der gute Hirte, sein Leben für die Schafe gibt und sie rettet. Wegen dieser gewaltigen Rettungsaktion Gottes ist selbst das schlimmste Elend der Menschen nicht hoffnungslos verbranntes Feld, sondern reiche Ernte mit üppigen Ergebnissen.

Vielleicht ärgern Sie sich, dass ich hier über Hirten und Schafe rede. Ich erinnere mich an einen Gottesdienst, den ich vor langer Zeit in der jordanischen Hauptstadt Amman hielt. Ich predigte über einen Bibeltext, in dem vom Hirten Jesus und seinen Schafen die Rede war. Ein Diplomat kam nachher zornig zu mir. Er beschimpfte mich ganz undiplomatisch, dass wir Pfarrer die Leute für blöd verkaufen und für Schafe halten. Er fand diesen Vergleich beleidigend.

Man kann mit gewissem Recht sagen, dass der Vergleich mit Hirten und Schafen nicht in eine moderne Großstadt wie Berlin passt. Hier auf dem Ku'damm weiden nicht allzu viele Schafe. Allerdings tauchen bereits Füchse und Wildschweine wieder in Berlin auf. Und an den Rändern dieser großen Stadt geht es ziemlich idyllisch-ländlich zu.

Außerdem hat der Vergleich mit den Schafen ohne Hirten nichts mit Blödheit zu tun. Die Bibel gebraucht den Vergleich, um den harten Überlebenskampf des Menschen zu illustrieren. Vor allem wird damit die totale Angewiesenheit des Menschen auf Gottes Leitung und Fürsorge verdeutlicht. Schafe ohne Hirten verlieren den Zusammenhalt und die Orientierung. Sie stehen über kurz oder lang in der Gefahr zu verdursten und zu verhungern und sie sind den Raubtieren preisgegeben. Treffender kann man doch die Lage des Menschen am Anfang des 21. Jahrhunderts nicht beschreiben. Die Sehnsucht nach Freiheit und Selbstbestimmung des Einzelnen hat zu einer Zerbröselung der Gemeinschaft geführt. Mitten in der Masse ist jeder todeinsam. Wir sehnen uns nach Vertrauensbeziehungen, aber sie gelingen uns nicht. Und ohne Beziehungen fehlt uns das Nötigste zum Leben. Jesus drückt sich unmissverständlich aus: Menschen ohne den lebendigen Gott verlieren ihr Leben in Zeit und Ewigkeit.

Das missfällt nicht nur meinem kritischen Gesprächspartner aus Amman. Diese Diagnose ärgert die meisten Menschen heute, nicht *obwohl*, sondern *weil* sie wahr ist. Das ist wieder das Gehabe und Spiel des coolen Typen, dem angeblich das Leben gar nichts anhaben kann. Die Fassade der Selbstgerechtigkeit und Selbstbestimmung trägt er, wie die coolen Typen heute die dunklen Sonnenbrillen tragen.

Jesus lässt sich nicht bluffen. Er bringt Rettung, wo wir Menschen unsere Nöte als Tugenden verkaufen und vorgeben, unverletzlich zu sein. Er rettet auf eine Weise, die keinem Menschen möglich ist. Er trägt unsere Schmerzen. Er zieht sich unser gottloses Leben an. Er trägt die bitteren Konsequenzen. Er trägt das Gericht Gottes. Er stirbt den Tod am Kreuz in der Gottverlassenheit, die eigentlich wir verdient haben.

Er sieht tiefer und weiter, als wir es können. Er hat für uns alle eine große rettende Vision.

3. Wir dürfen doppelt dabei sein

Wir sollen als Empfänger, als Nutznießer seiner rettenden Liebe dabei sein. Das gilt für mich! Das ist das befreiende Wunder. Jeder kann es erfahren, der sich von der coolen Lebenslüge abwendet und vor Gott ehrlich wird und seine Sünden, sein verfehltes Leben bekennt.

Aber Jesus bietet noch mehr. Seine Vision für uns ist noch größer. Wir dürfen und sollen als seine Mitarbeiter beteiligt sein. Er sieht die große Ernte. Aber noch sind es viel zu wenige Erntearbeiter. Zu viele sitzen untätig herum. Auch für sie hat Jesus eine Vision – nicht einen illusorischen Traum, sondern eine realisierbare Perspektive: »Bittet den Herrn der Ernte, dass er Arbeiter in seine Ernte hinausschickt.« Wörtlich sagt Jesus sogar »hinauswirft«.

Mitarbeiter sind Menschen, die Gottes Barmherzigkeit selber erlebt haben, davon angesteckt und an seiner Barmherzigkeit beteiligt worden sind. Die bleiben nicht mehr cool. Die verstecken sich nicht mehr hinter dunklen Sonnenbrillen. Die lassen sich in die Augen schauen. Die wollen klar und deutlich sehen.

Jesus beauftragt seine Schüler zuerst: »Bittet den Herrn der Ernte, dass er Arbeiter in seine Ernte schickt.« Nicht die Menschen sollen es machen. Wir retten die Welt nicht – Gott wird es machen. Wir aber sollen ihn bitten. Damit ist niemand überfordert.

»Ach, nur beten.« So haben seine Zuhörer vielleicht gedacht, und so denken vielleicht manche auch heute. Aber bevor sie den Gedanken zu Ende gedacht haben, hören sie ihren Namen. Jesus ruft sie zu sich. Er stattet sie mit Kraft aus und schickt sie los. Sie sollen tun, was Jesus tat: Menschen, die von zerstörerischen Mächten beherrscht werden, befreien und Kranke heilen.

Vor Kurzem hielt ich Vorträge im Kulturhaus der slowakischen Stadt Levice. Da traf ich Dusan, einen Mann Ende Dreißig. Er saß im Rollstuhl. Auf einer Sauftour hatte er die Abkürzung von einer Kneipe zur nächsten über die Eisenbahnschienen genommen. Ein Zug erfasste ihn und fuhr ihm beide Beine ab. Er lag einige Stunden auf den Gleisen, bevor man ihn fand. Er hätte längst verblutet sein müssen. Aber er lebte. Schon das war ein Wunder. Er überlebte. Und er erzählte, dass er in der schrecklichen Zeit danach einfach aus Verzweiflung betete: »Gott, wenn du lebst, dann hilf mir! Was soll aus mir werden?« Dieser dynamische, etwas korpulente Mann im Rollstuhl erzählte mit strahlendem Gesicht, dass er von jetzt auf gleich von seinem Alkoholismus geheilt worden war. Er war total trocken. Und dass er jetzt eine Rettungsarbeit für Alkoholiker macht. Eigentlich war es ein schockierender Anblick, wie er da im Rollstuhl saß. Aber er war voll sprühender Freude und Unternehmungslust, ein Super-Erntearbeiter Gottes, ausgestattet mit der Vollmacht, die nur Jesus geben kann.

Warum stellt Jesus die Heilungen so in den Vordergrund? Karl Marx hatte in seinen Thesen über Ludwig Feuerbach schon recht, als er sagte: »Die Philosophen haben die Welt nur verschieden interpretiert, sie muss aber verändert werden.« Jesus ist gekommen, um Menschen und Welt zu verändern. Er geht an den Nerv, an die Gottesbeziehung. Menschen sollen den guten Hirten wieder finden. Und das hat Auswirkungen auf das soziale und körperliche Leben. An dieser Arbeit sollen wir alle beteiligt werden. Es gibt viel zu tun. Es gibt viel zu wenig Arbeiter. Zu viele warten, dass andere den Job machen.

Dabei leiden Menschen massenweise unter der Sinnlosigkeit ihres Lebens. Gott hat einen Auftrag für sie. Jeder wird gebraucht. Jeder ist speziell begabt.

Lassen Sie sich mit in die Vision von Jesus hineinnehmen: »Wie mich der Vater gesandt hat, so sende ich euch.« (Johannes 20,21)

»Und er rief seine zwölf Jünger zu sich und gab ihnen Macht über die unreinen Geister, dass sie die austrieben und heilten alle Krankheiten und alle Gebrechen.« Mit dem Ruf fing es an. Die Namen werden danach dokumentiert. Das war eine historische Weichenstellung. Die zwölf Apostel sind die Gründer des neuen Bundesvolkes. Aber mit den Zwölf ist das Erntehelferteam Gottes nicht vollzählig. Noch zu wenige sind dabei. Er ruft auch heute immer noch.

Werden Sie antworten: »Hier bin ich, sende mich.«? Was hindert Sie?

Gibt es ein Leben ohne schlechtes Gewissen?

Haustiere sind in Deutschland beliebt. Haben Sie auch eins? Hund, Katze, Hamster, Wellensittich, Zierfische? Ein Meinungsforschungsinstitut hat herausgefunden, dass wir uns das Gewissen wie ein Haustier halten. Der Chef des Rheingold-Institutes, Stefan Grünewald, schreibt in seinem Buch *Deutschland auf der Couch*: »Wir haben das schlechte Gewissen – wie ein Haustier – domestiziert und es auf Stubenformat relativiert. Es begleitet uns auf Schritt und Tritt, aber es beißt und überfällt uns nicht mehr.«[5] »Es ist in unserem Alltag zu einer Art Grundrauschen geworden. Wir haben nie das Gefühl, alles richtig zu machen. Es ist immer da, es wechselt die Lautstärke, mal vernehmen wir ein Summen, dann ein Brummen...«[6]

»Das schlechte Gewissen ist heute inflationär geworden.... Wir werden nachts wach, wenn wir an die Aufgaben des nächsten Tages denken, aber wir erleiden heute keine höllischen Gewissensqualen mehr, wenn wir uns scheiden lassen, unsere Homosexualität entdecken oder die Existenz Gottes in Frage stellen. Es gibt in unserer Gesellschaft – außer Mord und Sex mit Kindern – keine Todsünden mehr, uns leitet kein testamentarischer Gebotskanon mehr, der uns zur Buße und Beichte verpflichtet. Dadurch erscheinen nicht nur die Versuchungen, sondern auch die Verfehlungen weitgehend gleich gültig und beliebig.«[7]

Die Entsorgung der Gewissensqualen geschehe vor allem durch Verschiebung des schlechten Gewissens auf Partner. Dadurch entstehe ein Klima des Vorwurfs. »Die Verschiebbarkeit des schlechten Gewissens wird zum Bumerang.«[8]

Die Bilanz ist niederschmetternd: »Psychologisch betrachtet gibt es kein Leben ohne ein schlechtes Gewissen, denn die Lebensgier und der Verwandlungshunger der Menschen rebelliert und verstößt immer wieder gegen die Einschränkungen, die wir uns notwendig auferlegen, damit wir einträglich miteinander leben können.«[9]

Das ständig schlechte Gewissen verursache eine »bleierne Denkhemmung, die ideen- und tatenlos macht und einen zusätzlichen Beitrag leistet, die Gesellschaft stillzulegen«. Wir fahren mit angezogener Handbremse, bis es qualmt und stinkt.

Der selbstbestimmte Mensch sollte doch eigentlich Ruhe haben, weil er keiner höheren Instanz verantwortlich ist. Viele haben geklagt, dass sie durch den göttlichen Weltpolizisten als Erziehungshelfer in Angstzustände getrieben worden seien. Davon haben sich die modernen Menschen angeblich befreit.

Nun stellen die Psychologen fest: Der Mensch findet keine Ruhe. Es gibt für ihn keine Gnade und Vergebung. Er muss auf Wiedergutmachung setzen oder auf Unzurechnungsfähigkeit und Schuldunfähigkeit plädieren, wenn er davonkommen will.

Und für diese verzweifelten Versuche gibt es ein historisches Vorbild, nämlich den römischen Gouverneur Pontius Pilatus, der es sogar ins so genannte Apostolische Glaubensbekenntnis der Christenheit geschafft hat und in den meisten Gottesdiensten erwähnt wird, wenn die Gemeinde laut gemeinsam spricht: »... gekreuzigt unter Pontius Pilatus.« Den Bericht über seine krampfhaften Versuche, sich ein gutes Gewissen zu verschaffen, lesen wir im Matthäusevangelium, Kapitel 27,15-24:

> Zum Fest aber hatte der Statthalter die Gewohnheit, dem Volk einen Gefangenen loszugeben, welchen sie wollten. Sie hatten aber zu der Zeit einen berüchtigten Gefangenen, der hieß Jesus Barabbas. Und als sie versammelt waren, sprach Pilatus zu ihnen: Welchen wollt ihr? Wen soll ich euch losgeben, Jesus Barabbas oder Jesus, von dem gesagt wird, er sei der Christus? Denn er wusste, dass sie ihn aus Neid überantwortet hatten.

> Und als er auf dem Richterstuhl saß, schickte seine Frau zu ihm und ließ ihm sagen: Habe du nichts zu schaffen mit diesem Gerechten; denn ich habe heute viel erlitten im Traum um seinetwillen.

Aber die Hohenpriester und Ältesten überredeten das Volk, dass sie um Barabbas bitten, Jesus aber umbringen sollten. Da fing der Statthalter an und sprach zu ihnen: Welchen wollt ihr? Wen von den beiden soll ich euch losgeben? Sie sprachen: Barabbas! Pilatus sprach zu ihnen: Was soll ich denn machen mit Jesus, von dem gesagt wird, er sei der Christus? Sie sprachen alle: Lass ihn kreuzigen! Er aber sagte: Was hat er denn Böses getan? Sie schrien aber noch mehr: Lass ihn kreuzigen! Als aber Pilatus sah, dass er nichts ausrichtete, sondern das Getümmel immer größer wurde, nahm er Wasser und wusch sich die Hände vor dem Volk und sprach: Ich bin unschuldig an seinem Blut; seht ihr zu!

1. Pilatus ist auf der Suche nach dem guten Gewissen

Pilatus weiß genau, dass Jesus unschuldig und gerecht ist. Eigentlich gibt es nichts zu verhandeln. Die Wahrheit ist offenkundig. Aber Recht und Wahrheit erscheinen nicht förderlich für die Karriere. Deshalb eiert Pilatus herum. Er will Jesus nicht verurteilen, aber er wagt auch nicht, sich zum Recht und damit zu Jesus zu bekennen. Hier seine verzweifelten Versuche, sich ein gutes Gewissen zu verschaffen:

♦ Wie jeder Verbrecher und Diktator liebt er es, gelegentlich die großzügige Seite herauszukehren. Die nette Geste zum Fest erscheint so menschlich, dass man glatt übersieht, dass Pilatus nur seinen eigenen Kopf aus der Schlinge ziehen will.

♦ Die Beteiligung des Volkes an der Entscheidung erscheint geradezu basisdemokratisch. Das ehrt den Römer, der ja für sein Rechtsbewusstsein berühmt war.

♦ Pilatus ist durchaus auch spirituell ansprechbar. Seine Frau hatte einen qualvollen Traum. Sie ahnt Böses und lässt ihm eine Warnung zukommen. Pilatus ist für spirituelle Aspekte des Lebens ansprechbar. Er ist nicht nur der kalte materialistische Rechner.

♦ Er ist auf geradezu mitleiderregende Weise hilflos: »Was soll ich denn tun?« Er kommt sich selbst wahrscheinlich als tragische

Gestalt vor. Es hilft ihm niemand, wenn er sich nicht für Recht und Wahrheit entscheidet. Beides kennt er. Er hat kein Erkenntnisproblem. Er hat das auch heute berüchtigte und verbreitete Umsetzungsproblem. Er tut nicht, was er weiß.

♦ Die Zeremonie mit der Waschschüssel wirkt lächerlich, wird aber historisch sprichwörtlich. Pilatus hat wahrscheinlich eine jüdische Sitte aufgegriffen (5. Mose 21, 6). Die Ältesten einer Stadt, in deren Nähe ein Erschlagener gefunden wurde, opferten eine Kuh nach bestimmten Vorschriften und wuschen über ihr die Hände in Wasser, um ihre Unschuld zu beteuern. Nun, den Imageberatern fallen heute sicher vergleichsweise rührende Rituale ein, mit denen die Machthaber ihre Unschuld beteuern können.

♦ Die Zeit der bizarren Versuche des Pilatus, sein Gewissen zu beruhigen, ist die Zeit, als Jesus schweigt (Matthäus 27,14). Jesus redet mit Pilatus kein Wort mehr. Das hat Pilatus verwundert. Er war es ja gewohnt, dass alle mit ihm reden wollten, um sich Vorteile zu verschaffen oder wenigstens ihren Kopf zu retten. Aber Jesus schweigt und Pilatus ist verloren. Wenn Jesus schweigt, müssen wir machen, was wir wollen. Das ist der Beginn der Hölle.

Hat Pilatus kein Gewissen? Doch. Er weiß genau, dass es nicht recht ist, was er tut. Sein oberster Maßstab sind der Eigennutz und der Zuwachs oder wenigstens die Sicherung von Macht und Reichtum. Das ist so modern, dass man es direkt in die heutige Zeit übernehmen kann.

Wenn wir Gott nicht als Maßstabgeber für unser Gewissen akzeptieren, müssen wir uns anderen Maßstäben unterwerfen. Und die kennen keine Vergebung der Schuld. Die sind gnadenlos.

Heute gibt es noch eine merkwürdige Norm für unser Gewissen: »Die *political correctness* übernimmt heute die Funktion, die früher die religiösen Gebote oder die überwundenen Werte von Anstand und Sitte innehatten. Sie schafft unumstößliche und nicht verhandelbare Grundwerte, die für alle maßgeblich sein sollten.«[10]

»Keiner weiß genau, was politisch korrekt ist, aber jeder fühlt sich verpflichtet, dementsprechend zu handeln.«[11] Man muss Müll trennen.
Man soll nicht unnötig Auto fahren. Man sollte Obdachlosen gelegentlich eine Zeitung abkaufen. Man sollte Kindern ein Schulbrot
anstatt einer süßen Milchschnitte mitgeben. Wenigstens zu Weihnachten sollte man spenden. Man sollte mit beherzter Zivilcourage
gegen rassistische Töne in Gesprächen angehen, auch wenn man
Angst hat. Man muss beruflich mobil sein und sich der Globalisie-
rung entsprechend verhalten.

Das sind zwar nebulöse Allgemeinheiten, aber doch »in Bernstein
gegossene Wahrheiten«, sagt Stefan Grünewald. Eine Diskussion
über den Sinn oder Unsinn dieser Gebote der politischen Korrektheit
findet nicht statt, weil es schon unanständig ist, an der Gültigkeit der
Maßstäbe überhaupt zu zweifeln.

Wer Gott abserviert hat, muss sich an anderen Gesetzen messen. Und
Gnade gibt es da nicht.

2. Die Lösung steht vor ihm

Pilatus ist in einer verzwickten Lage. Er will dem Recht nicht folgen
und doch ein gutes Gewissen haben. Dabei steht die Lösung seines
Problems vor ihm. Jesus heißt die Lösung. Die Bedeutung des ara-
mäischen Namens Jesus ist Hilfe, Rettung.

Peinlicherweise heißen sie beide Jesus: Jesus von Nazareth und Jesus
Barabbas, Sohn des Abbas. Wer aber bringt die Rettung? Der gewalt-
tätige Terrorist, der die Selbsthilfe darin sieht, dass er das Blut anderer vergießt, oder der leidende Sohn Gottes, der sein eigenes Blut
vergießen lässt, um uns zu erlösen? Pilatus muss sich für einen Jesus
entscheiden. »Was Barabbas wollte, war ihm verständlich; was Jesus
wollte, verstand er nicht«, schreibt Adolf Schlatter. Wir alle müssen
zwischen diesen beiden Rettungswegen wählen.

Pilatus erlebt, wie Gott ihm helfen will. Jesus, die Hilfe, steht vor ihm.
Er weiß genau, dass dieser Jesus gerecht ist. Er müsste sich zu Jesus

stellen, um Gott im Zentrum seines Lebens zu haben. Aber er lehnt die Herausforderung ab.

Er wird noch einige Male an seine Chance erinnert. Joseph von Arimathäa bittet ihn am folgenden Freitagnachmittag, die Leiche von Jesus vom Kreuz abnehmen und bestatten zu dürfen. Da ist Pilatus überrascht, dass Jesus schon tot ist. Hat er anderes gehofft?

Am Sonntagmorgen wird man ihm melden, dass das Grab leer ist. Er wird in den Deal einwilligen, die Wachsoldaten mit Geld zum Schweigen und zum Lügen zu bringen. Sie sollen tatsachenwidrig sagen, dass die Leiche gestohlen worden sei.

Begreift Pilatus nicht, dass nur Jesus ihn von der Anklage befreien kann?

König David ist ein Mut machendes Vorbild – gerade als er seine mieseste Lebenssituation durchlebt. Er hat Ehebruch mit der Frau eines seiner Offiziere begangen. Den Offizier ließ er dann durch einen hinterlistigen Mord umbringen. Er dachte, was so viele denken, dass er mit seinem Einfluss sein Unrecht vertuschen könnte. Aber Gott spielt nicht mit. Er schickt den Propheten Nathan zum König David. Und der stellt ihn: »Du bist der Mann.« Das ist die unerbittliche Schärfe von Gottes Stimme im Gewissen. (2. Samuel 11–12)

»Ich habe gesündigt gegen den Herrn.« – Dann betet David im Psalm 51,12-14: »Schaffe in mir, Gott, ein reines Herz, und gib mir einen neuen, beständigen Geist. Verwirf mich nicht von deinem Angesicht, und nimm deinen Heiligen Geist nicht von mir. Erfreue mich wieder mit deiner Hilfe, und mit einem willigen Geist rüste mich aus.«

Vor Pilatus und vor uns steht nicht nur ein Prophet wie Nathan. Jesus selbst bietet uns Vergebung der Sünden an. Aber Vergebung ist nur möglich, wenn wir unsere Schuld eingestehen und zugeben.

Wer keine Schuld hat, braucht natürlich auch keine Vergebung. Selbstverteidigung durch Beschönigung, Erklärung, Verdrängung,

Verschiebung auf andere – das sind die Patentrezepte. Manche reagieren aggressiv, wenn man von Schuld redet. »Wollt ihr uns krank machen, indem ihr uns in Schuldgefühle treibt? Das ist die alte Masche der religiösen Unterdrücker«, so lauten die Vorwürfe. Klar, wir wollen hören, dass wir okay sind. Aber wir sind nicht okay. Gottvergessenheit, Lüge, Betrug im Geschäft oder im Privatleben, Steuerbetrug, Diebstahl, Unbarmherzigkeit, Abtreibung, Mobbing, Geldgier, Sexgier, Ehebruch, Arroganz, Neid, kalte Gleichgültigkeit sind nicht okay. Nicht vor Gott und nicht vor den Menschen.

Die Bibel sagt: »Wenn wir aber unsere Sünden bekennen, so ist er (Gott) treu und gerecht, dass er uns die Sünden vergibt und reinigt uns von aller Ungerechtigkeit.« (1. Johannes 1,9)

Nie werde ich jene Nacht als Student vergessen. Ich hatte ein langes Gespräch mit einem anderen Studenten. Es war ein qualvolles Ringen um Schuld und Versagen, um Verteidigung, Verharmlosung und Selbstrechtfertigung. Und dann erlebten wir das Wunder der Befreiung: Bekenntnis der Schuld voreinander und vor Gott. Beichte nennt man das. Zuspruch der Vergebung: »Im Namen von Jesus spreche ich dir zu: Dir sind deine Sünden vergeben, weil Jesus für dich gestorben und auferstanden ist. Jetzt ist er zur Rechten Gottes und tritt für dich ein.« Die Gewissheit und Freude waren so stark, dass wir nachts um zwei Uhr in den benachbarten Park liefen und vor Freude wie die Stiere brüllten. Plötzlich kam ein Polizeiauto. Die Polizisten beäugten uns kritisch. Aber außer den Bäumen, den Büschen und den Kaninchen hatten wir niemanden gestört. Also fuhren sie weiter.

Die Gewissheit der Vergebung der Schuld ist so stark, weil das Gericht über die Schuld ja tatsächlich vollzogen und die Sache damit endgültig erledigt ist. Gott selbst hat in Jesus die Schuld und das Urteil getragen. Darum ist Vergebung nicht Verdrängung.

Ich kann auch von der geschehenen Schuld reden, weil ich zugleich von der Vergebung reden kann. Und die Dankbarkeit für die Vergebung treibt mich zu einem neuen Verhalten an. Ja, ich möchte jetzt anders leben. Ich darf neu anfangen. Ich muss nicht länger die Not und Schuld zur Tugend umlügen.

Ein gutes Gewissen ist wie ein Auge, das tränt, wenn ein Staubkörnchen hineinfliegt. Es hört nicht auf zu tränen, bis der Dreck raus ist. Vergebung ist also nicht dazu da, dass wir weitermachen wie vorher. Wer Vergebung annimmt, beginnt eine neue Wegstrecke. Rettung, Hilfe heißt Jesus. Die Lösung steht vor uns.

Hilfe, ich blicke nicht mehr durch

Ich bekam ein schönes Bild in einem Glasrahmen geschenkt und wollte es aufhängen. Ich holte einen Hammer und einen Nagel. Ich hatte alles, was ich brauchte. Aber stellen Sie sich vor, da wäre keine Wand gewesen!

Das gibt es nicht? »Eine Wand hat man immer«, sagen Sie. Gut, wenn es so ist. Ich beobachte seit einiger Zeit, dass Leute Bilder aufhängen wollen, aber keine Wände haben. Trotzdem behaupten sie unverdrossen, man müsste die Bilder aufhängen.

Die Christen glauben an den Gott, der Himmel und Erde geschaffen hat und erhält, der sich in Jesus als Mensch offenbart hat, damit wir ihn wirklich kennen und ihm vertrauen können. Dann kamen die klugen Köpfe von Ludwig Feuerbach bis Richard Dawkins und erklärten, diesen Gott gäbe es gar nicht. Das hätte die Wissenschaft festgestellt, jedenfalls beinahe. Trotzdem wollten sie natürlich leben und hoffen.

Einige waren zwar ziemlich ehrlich und sagten: »Da gibt es nichts zu hoffen.« Aber solche Typen wie Friedrich Nietzsche sind eher selten. Die meisten haben nicht die Nerven dazu, Nihilisten zu sein. Andere erklären uns, dass das Prinzip Hoffnung lebenswichtig ist, obwohl man nicht genau wüsste, auf wen man sicher hoffen könnte.

Jetzt hat der Zukunftsforscher Professor Opaschowski ein Buch mit dem schönen Titel *Das Mose-Prinzip – Die 10 Gebote für das 21. Jahrhundert* geschrieben. Er schreibt, dass Mose mit dem Volk

Israel in die Freiheit und Zukunft aufgebrochen sei. So etwas bräuchten wir auch. Ohne Aufbruchstimmung gehe nichts vorwärts. Die Zukunft ist machbar, Herr Nachbar! Es sei ganz egal, ob Mose überhaupt gelebt habe. Auch an Gott könnten die meisten Menschen heute nicht mehr glauben. Trotzdem müssten wir irgendwie aufbrechen, sonst würde das mit dem Leben nicht klappen. – Ich soll also vertrauen, obwohl da gar keiner ist, auf den ich vertrauen kann. Schließlich muss man den Nagel in die eigene Stirn hauen und das Bild da aufhängen, weil alles sowieso Einbildung ist. Aber das sieht mehr nach einem Brett vor dem Kopf aus!

Und weil das ganze Leben ziemlich laut und hektisch geworden ist, sieht jeder ein, dass man irgendwie zur Ruhe kommen muss. Sonst wird man nicht glücklich, sondern nur zappelig und rappelig. Das sagt auch der Dalai Lama. Und der lächelt viel mehr als der Papst und Bischof Huber zusammen. Und als christliches Modell für ein ruhig besinnliches Leben muss die Maria in der Bibel herhalten, die nicht so hektisch wie ihre perfektionistische Hausfrau-Schwester Marta war.

Allerdings glaube ich, dass es ein großer Irrtum ist, die beiden Schwestern so zu missbrauchen und gegeneinander auszuspielen. Denn das waren zwei unheimlich starke Frauen, von denen wir lernen können, was wirklich lebensnotwendig ist.

Am besten aber lesen wir zuerst den Bericht aus der Bibel. Er steht im Lukasevangelium, Kapitel 10,38-42:

> Als sie aber weiterzogen, kam er (Jesus) in ein Dorf. Da war eine Frau mit Namen Marta, die nahm ihn auf. Und sie hatte eine Schwester, die hieß Maria; die setzte sich dem Herrn zu Füßen und hörte seiner Rede zu. Marta aber machte sich viel zu schaffen, ihm zu dienen. Und sie trat hinzu und sprach: Herr, fragst du nicht danach, dass mich meine Schwester lässt allein dienen? Sage ihr doch, dass sie mir helfen soll! Der Herr aber antwortete und sprach zu ihr: Marta, Marta, du hast viel Sorge und Mühe. Eins aber ist not. Maria hat das gute Teil erwählt; das soll nicht von ihr genommen werden.

1. Was Maria und Marta begriffen haben

Maria und Marta sind jedenfalls nicht mit ihrem Bild, Hammer und Nagel gekommen und haben behauptet, sie würden das Bild jetzt irgendwo aufhängen, obwohl es in Wirklichkeit gar keine Wand gäbe.

Die Schwestern waren sehr verschieden. Die eine hat sich hingesetzt und hingehört, die andere hat geschuftet wie verrückt. Aber beide haben gewusst, für wen sie das getan haben. Sie wussten, dass Jesus der Herr ist. So wird Jesus nämlich in unserem kurzen Bibeltext dreimal bezeichnet. Und die Anrede »Herr« war nur für den lebendigen Gott reserviert. Und Maria und Marta wussten, dass dieser Gott in Jesus von Nazareth in unsere Menschenwelt gekommen ist, damit wir wissen, woran wir sind. Und Lukas, der das berichtet hat, wusste, dass der römische Kaiser sich diesen Titel »Herr« unter den Nagel gerissen hatte, obwohl er für den lebendigen Gott reserviert war. Aber der Kaiser wollte sich eben selbst als Gott aufspielen.

In Jesus aber ist der Schöpfer und Erhalter der Welt Mensch geworden. Jesus ist nicht als Lückenbüßer gekommen. Er hat nicht gesagt, dass man bitteschön doch irgendwie an Gott glauben sollte, weil sonst die Moral völlig im Eimer ist. Selbst der Atheist Gregor Gysi hat ja Sorge, dass in einer gottlosen Gesellschaft die Moral völlig den Bach runtergeht. Allerdings, wenn es Gott nicht gibt, taugt er auch nicht als Notnagel für die Moral. Sorry.

Und man kann ja verstehen, dass die Leute bei all dem Lärm und der Hektik einen Herzkasper und etwas an der Klatsche kriegen. Aber Maria empfiehlt uns nicht, doch mal ein bisschen zu meditieren, auch wenn die Geschichten von Jesus nur Legenden sind. Und Yoga wäre auch nicht schlecht. Marta schuftet und Maria hört, weil sie wissen: »Christianity is Christ.« Das hat der indische Christ Sadhu Sundar Singh gesagt. Der ganze Glaube steht und fällt mit der Person des gekreuzigten und auferstandenen Jesus Christus. In ihm ist der lebendige Gott zu uns Menschen gekommen. Und darum können wir wissen, dass der heilige Gott lebt.

Ob das Richard Dawkins stört und bekämpft oder ob religiöse Seelen sich das wünschen, ist völlig belanglos. Gott wird weder von den atheistischen Wünschen weggewünscht noch von den religiösen Wünschen ins Dasein gewünscht. Er ist und er hat das Universum geschaffen. Er erhält es und wird als Richter das letzte Wort der Geschichte sprechen. Er wird den neuen Himmel und die neue Erde schaffen. Seitdem Jesus Christus gekommen ist, können wir alle das wissen. Und Maria und Marta wussten das beide.

2. Was Maria besser begriffen hat

Trotzdem macht Jesus in seiner Beurteilung der beiden einen wichtigen Unterschied. Er lobt Maria und verteidigt sie gegen die Kritik von Marta. Warum?

Sie hat kapiert, was zuallererst dran und lebenswichtig ist: hinhören! Jesus ist Gottes Wort in Menschengestalt. Da ist einfach nichts angemessener, als zu hören. Natürlich ist Gastfreundschaft in Israel heilig. Natürlich ist es toll, Jesus mit allen Ehren zu empfangen. Aber Maria hat begriffen, wer hier wirklich der Gastgeber ist. Jesus hat die Rollen getauscht. Er ist der Hausherr. Er teilt das Brot des Lebens aus. Sein Wort ist lebensnotwendiger als Essen und Trinken. Durch dieses Wort kommen wir in Lebensverbindung zur Quelle des Lebens, zum lebendigen Gott.

Sie setzt sich zu den Füßen von Jesus hin. Das ist eine Haltung, die zeigt: »Ich hör mir das nicht nur mal so an, weil es interessant ist. Ich höre, um dir zu folgen.« Sie erkennt Jesus als den Herrn an.

Ich war jetzt drei Wochen in Weißwasser in der Schlesischen Oberlausitz und habe an 22 Abenden diese Einladung von Jesus und zu Jesus erklärt. Dabei habe ich diese Braunkohle-Region mit allen Problemen und Schönheiten besser kennen gelernt. Am neu gefluteten Bärwalder See hat der Warschauer Künstler Jaroslav Kozakiewicz ein sehr eindrückliches Landschaftskunstwerk geschaffen, das Boxberger Ohr. Aus etwa 100 000 Kubikmeter Erde wurde es 350 Meter lang, 250 Meter breit und 18 Meter hoch aufgeschüttet.

Ich bin über dieses Ohr gelaufen. Es hat mich sehr beeindruckt. Es ist ein riesiges Ohr, das von der Erde zum Himmel hin lauscht – ein sehr starkes Symbol! Wir können nur leben, wenn wir auf Gottes Wort hören. Er ruft uns zur Heimkehr, er spricht uns Vergebung zu, er weist uns den Weg, er spricht gegen die Angst, er nennt uns beim Namen. Wie auch immer der Künstler sein Werk versteht, ich habe es als eine starke Erinnerung verstanden: »Hört auf Gottes Wort! Das ist euer Lebenswort.«

Jesus klopft Maria nicht auf die Schulter und sagt: »Nett, dass wenigstens du mir zuhörst.« Er sagt: »Maria hat das gute Teil ausgewählt.« Das »gute Teil« ist in der biblischen Sprache das Erbteil, das Vermögen als Lebensgrundlage.

Und sie hat es ausgewählt, weil es in dieser Welt immer konkurrierende Angebote gibt. Erst recht in unserer heutigen so genannten Multioptionsgesellschaft. Da haben wir Tausende von Wahlmöglichkeiten, auch im Weltanschauungssupermarkt. Auswählen heißt: ja sagen zu dem einen und nein sagen zu dem anderen. Man kann nicht alles zugleich nehmen und leben.

3. Warum Marta korrigiert wird

Jesus hat ganz sicher den Dienst von Marta wertgeschätzt. Aber als sie zu ihm kommt, wie sie kommt, da muss er ihr wehtun.

Marta bedeutet eigentlich »Herrin«. Und das war sie offensichtlich. Sie hatte die Hosen an. Ihr Name spricht Bände. Es heißt in dem Bericht: »Marta machte sich viel zu schaffen, ihm zu dienen.« Sie hatte die Lage völlig unter Kontrolle. Sie blickte voll durch. Sie war eine brillante Gastgeberin. Wörtlich heißt es im griechischen Bibeltext, dass sie voll »abgelenkt, beansprucht durch die ganze *diakonía* (den Dienst)« war. Sie war so sehr von dem beansprucht, was sie *für* Jesus tat, dass sie kein Ohr für sein *Wort* haben konnte. Das ist tödlich.

Mit dem Vergleichen fängt die Misere an. Rechtschaffenheit und Tüchtigkeit verbinden sich schnell mit Entrüstung über andere, die sich in Vorwürfen und Anklagen äußert – auch gegen Jesus, der Marias Verhalten offensichtlich zulässt. Der könnte ihr ja auch mal was sagen. Eigentlich wollte Marta Jesus dienen und ihn ehren. Nun aber macht sie ihm Vorwürfe. Die Anständigen sind mit Gott und seiner Weltregierung immer unzufrieden. Sie sind eben Herrinnen und Herren, und die sind schnell sauer, wenn es nicht so läuft, wie sie es sich vorgestellt haben. Der wörtliche griechische Text ist sehr aussagekräftig. Jesus sagt zu Marta: »Du sorgst dich und machst dir viel Unruhe um das Ganze. Eins aber ist notwendig.«

Er sagt nicht: »Weniger ist mehr.« Das ist auch eine richtige und wichtige Lebensweisheit in unserer Zeit. Viele begreifen das und entrümpeln mit Tiki Küstenmachers Hilfe.

Das Eine und Lebensnotwendige ist Jesus. Ihm die ganze Aufmerksamkeit zu schenken, das rettet uns. Ihn müssen wir hören – mit der Bereitschaft, zu tun, was er sagt.

Wie ist die Geschichte eigentlich ausgegangen? Wir wissen es nicht genau. Jesus ist geblieben. Später passiert die dramatische Geschichte mit der Auferweckung des Bruders von Marta und Maria, Lazarus. Marta hat verstanden.

Der Berner Münsterpfarrer Walter Lüthi hat dazu geschrieben: »Christus hört nicht auf, Christus zu sein, wenn er wehtut.« Was Jesus Marta sagt, tut weh, aber es tut vor allem gut.

Bitte kein Missverständnis! Hier wird nicht der meditative, kontemplative Typ gegen die Aktivistin ausgespielt. Lukas hat unmittelbar vorher die Geschichte vom barmherzigen Samariter erzählt. Darin kritisiert Jesus die beiden religiösen Typen, die auf dem Weg zum Tempelgottesdienst keine Zeit für den Schwerverletzten und Ausgeraubten haben. Also, keine Sorge: Die Aktion kommt nicht zu kurz.

Aber das Eine ist notwendig: Auf Jesus hören. Es geht nicht um die Stille an sich und das Hören an sich. Es geht um das Hören auf Jesus:

- auf seine Einladung: »Kommt her zu mir, die ihr müde und belastet seid, ich will euch erquicken.« – »Bittet, so wird euch gegeben!«
- auf seinen vollmächtigen Zuspruch: »Dir sind deine Sünden vergeben.« – »Steh auf und geh!«
- auf seine Wegweisungen: »Liebt eure Feinde!« – »Eure Rede sei Ja, ja und Nein, nein«, also ehrlich und verlässlich, – »Du sollst nicht ehebrechen.« – »Du sollst nicht stehlen.« – »Du sollst nicht den Besitz des anderen begehren.«

Die St. Gallener Professorin Miriam Meckel, vorher schon Staatssekretärin und Regierungssprecherin in NRW, hat jetzt ein interessantes Buch veröffentlich: *Das Glück der Unerreichbarkeit – Wege aus der Kommunikationsfalle.* Man ist immer online, immer auf standby, immer erreichbar per Handy und Laptop. »Leben ist da, wo ich Netz habe«, schreibt sie über ihr früheres Leben und das vieler Menschen heute. Sie merkte, dass sie in die Kommunikationsfalle geraten war: immer erreichbar, aber nie ganz da. Ihr Buch schließt mit dem Satz: »Dann bin ich mal da.« Das ist die Entscheidung der Maria. Sie ist ganz da für Jesus.

Diese Grundentscheidung ist nötig: »Ich will ganz Ohr sein für Jesus.« Das ist eine Wahlentscheidung, die die Gesamtrichtung unseres Lebens bestimmt. Ich bitte Sie darum. Ich fordere Sie dazu auf.

Diese Grundentscheidung wird Auswirkungen auf die Gestaltung Ihres Alltags haben. Ja, diese Grundentscheidung wird täglich ratifiziert, bestätigt in praktischen Schritten der Umsetzung. Ich empfehle Ihnen, dass Sie sich an jedem Tag mindestens 15 Minuten Zeit nehmen, einen Abschnitt der Bibel mehrmals lesen und mit Gott über sein Wort und Ihr Leben sprechen. Das nennen wir beten. Setzen Sie sich wie Maria zu den Füßen von Jesus. Der Inder Sadhu Sundar Singh hat unter dem Titel *At the Master's Feet* (Zu den Füßen des Meisters) ein Buch geschrieben, in dem er über dieses Hören auf Jesus berichtet.

Wenn Sie das tun, wird man Sie wahrscheinlich als Fundamentalist beschimpfen. Man sagt, es wäre typisch für ängstliche Menschen in einer unübersichtlichen Welt, dass sie sich gern Vereinfachungen anvertrauen und mit Scheuklappen leben.

Keine Sorge: Wenn Sie die Bibel lesen und beten, wird Gottes Geist Ihnen die egoistischen Scheuklappen abnehmen. Er wird Ihnen die Augen für die Menschen in Not neben Ihnen und in der Welt öffnen. Und nicht nur die Augen, sondern auch Ihr Hirn, Ihre Hände und Ihr Bankkonto wird er öffnen. Er wird Sie in Bewegung setzen. Aber Ihr Leben wird vom ewigen Zentrum Gottes aus gelebt. Es wird durch den Schöpfer und Retter und Vollender der Welt bestimmt. Alles Große ist einfach. Der lebendige Gott hilft, im Wirrwarr unseres Lebens und der Welt durchzublicken.

2. Teil: **Herausforderungen und Kampfansagen**

Wellnesswellen und Weihnachtswirbel

Viele, die es sich leisten können, fahren über Weihnachten in ein Wellness-Hotel mit vier oder fünf Sternen. Es gibt jede Menge.

Wellness muss man von Wellblech unterscheiden. Die Engländer gebrauchen das Wort offenbar nicht. Es steht jedenfalls nicht in meinem *Oxford Dictionary*. Aber im Lexikon für *American English* findet man es. Es sei der Zustand der Gesundheit gemeint. In einer Zeitungsbeilage zum Thema »Wellness« las ich: »Wellness hat sich beinahe zur Religion entwickelt; einem modernen Gegengewicht zum Alltag. Jeder will dem Stress entfliehen, doch Vorsicht: Wellness ist ein ungeschützter Begriff… Ob Fußcreme, Müsli oder Kamillentee – jeder wirbt mit ›Wellness‹.«[12]

Auf dem Chemnitzer Weihnachtsmarkt kann man in zwei großen Holzzubern an frischer Luft heiß baden und dazu Glühwein trinken. Sehr rustikal: Weihnachtswellness.

Nahmen Maria und Josef deshalb Quartier in einem Stall, weil sie einen alternativen, rustikalen Wellness-Urlaub machen wollten? Mal was anderes? Kaum. Aber dass dieser unbequeme Stall etwas mit unserem Wohlbefinden zu tun hat, wusste der alte Berliner Liedermacher Paul Gerhard. Darum singen wir sein großes Weihnachtslied »Ich steh an deiner Krippen hier«. Da heißt es: »Ich lag in tiefster Todesnacht, du warest meine Sonne, die Sonne, die mir zugebracht Licht, Leben, Freud und Wonne.« Das ist Wellness mit Qualitätssiegel: Licht, Leben, Freud und Wonne. Und »Johnny« Sebastian Bach hat die unglaubliche Melodie dazu geschrieben.

Sie erwarten wahrscheinlich, dass ich jetzt etwas Kritisches über Wellnesswellen und Weihnachtswirbel sage. Solche Klagen über Konsum und Hektik gehören ja zur Jahreszeit wie die sentimentale Musik. Dabei müssen wir ganz froh sein, dass das Geschäft brummt und mehr Menschen Jobs haben als im letzten Jahr.

Ich will Sie, statt in solche Klagen einzustimmen, mit dem überraschenden Wellnessangebot der Weihnachtsgeschichte bekannt machen. Und vom Weihnachtswirbel müssen wir auch sprechen.

Fangen wir mit dem Weihnachtswellness-Angebot an. Was könnte es da geben? Damit wir mitreden können, gibt es das große Wellness-Lexikon im Internet. Da wird alles erklärt, von Abhärtung über Buttermilchbad, Erlebnisdusche, Schlankheitswickel bis Stutenmilch und Ziegenmilchbad. Weihnachten kommt aber nicht vor.

Darum lesen wir die Bibel. Die berichtet von:

1. Gottes Wellness-Welle

Aber hier erst einmal der Originalton:

> Und es waren Hirten in derselben Gegend auf dem Felde bei den Hürden, die hüteten des Nachts ihre Herde. Und der Engel des Herrn trat zu ihnen, und die Klarheit des Herrn leuchtete um sie; und sie fürchteten sich sehr. Und der Engel sprach zu ihnen: Fürchtet euch nicht! Siehe, ich verkündige euch große Freude, die allem Volk widerfahren wird; denn euch ist heute der Heiland geboren, welcher ist Christus, der Herr, in der Stadt Davids. Und das habt zum Zeichen: Ihr werdet finden das Kind in Windeln gewickelt und in einer Krippe liegen. Und alsbald war da bei dem Engel die Menge der himmlischen Heerscharen, die lobten Gott und sprachen: Ehre sei Gott in der Höhe und Friede auf Erden bei den Menschen seines Wohlgefallens.
>
> Und als die Engel von ihnen gen Himmel fuhren, sprachen die Hirten untereinander: Lasst uns nun gehen nach

Bethlehem und die Geschichte sehen, die da geschehen ist, die uns der Herr kundgetan hat. Und sie kamen eilend und fanden beide, Maria und Josef, dazu das Kind in der Krippe liegen. Als sie es aber gesehen hatten, breiteten sie das Wort aus, das zu ihnen von diesem Kinde gesagt war. Und alle, vor die es kam, wunderten sich über das, was ihnen die Hirten gesagt hatten.

Lukas 2,8-18

Die Boten Gottes verkünden den Hirten in der Nachtschicht unter Flutlicht, dass für sie heute der Retter, Gottes verheißener Messias, geboren ist. Sie geben die Erkennungszeichen bekannt: Pampers und Fresstrog vom Vieh als Bettchen für das Baby. Und dann lesen wir: »Und alsbald – d. h. sofort, plötzlich – war da bei dem Engel die Menge der himmlischen Heerscharen, die lobten Gott und sprachen: Ehre sei Gott in der Höhe und Friede auf Erden bei den Menschen seines Wohlgefallens.«

Da war nicht nur *ein* Bote Gottes, sondern eine himmlische Armee. Kein Kirchenchor, denn die sangen nicht. Sie sprachen – es war ein gewaltiger Sprechchor, also eher so was wie ein Rap. Was da passiert, ist wie eine Riesenwelle, die in den Himmel reicht und die Erde bedeckt.

Auf etwas muss ich Sie hinweisen. Im biblischen griechischen Urtext steht nichts von »sei«. Also ist das hier kein frommer Wunsch. Tatsachen werden mitgeteilt. Die Ehre und Herrlichkeit Gottes bestimmen die himmlische Welt. Das Licht über dem Hirtenfeld ist nur ein Durchscheinen dieser Herrlichkeit in unsere Welt. Es ist kein milder Kerzenschimmer, sondern Flutlicht, sodass die hart gesottenen Männer sich sehr fürchten. Warum fürchten sie sich? Weil dieses Licht entlarvt, aufdeckt und in gewisser Weise schutzlos macht. Wir Menschen suchen unsere Sicherheit ja gern dadurch, dass wir das Unangenehme und Böse verstecken. Was ich nicht weiß, macht mich nicht heiß. Im Licht Gottes wird unser ganzes Leben aufgedeckt. Und dem Lügner tut die Wahrheit weh.

Was aber ist auf der Erde? Nachtschicht, Ausbeutung, Furcht. Die Boten des Himmels sagen: »Friede auf der Erde bei den Menschen, an denen Gott Wohlgefallen hat.« Friede ist Versöhnung. Zerbrochene Beziehungen werden geheilt. Anstatt Krieg und Zerstörung des Lebens herrschen Versöhnung und Aufbau des Lebens.

Aber das stimmt doch nicht. Hass und Krieg und Ungerechtigkeit zerreißen heute die Welt in zu vielen Ländern. Wo ist der Friede? Antwort der Engel: »Bei den Menschen seines Wohlgefallens.« Also bei niemandem?! An wem von uns kann Gott denn Wohlgefallen haben? Mag sein, dass es maßlos eitle und selbstgerechte Menschen gibt, die sich tatsächlich einbilden, dass sie Gott gefallen, so wie sie leben.

In der lateinischen Bibelübersetzung heißt es »den Menschen guten Willens«. Ja, das denken wir uns so. Die guten Vorsätze nehmen wir für die vollbrachte Tat. Aber gut gemeint ist oft das schroffste Gegenteil von gut. Nein, die Übersetzung stimmt nicht. Es geht nicht um den guten Willen der Menschen, sondern um Gottes Wohlgefallen.

Das unfassbare Weihnachtswunder besteht darin, dass Gott an uns Gefallen hat – nicht weil wir so toll und gut sind, nein, sondern *obwohl* unsere Gottvergessenheit eine Beleidigung der Heiligkeit und Liebe Gottes ist. Es ist das unerhörte Wunder der Liebe Gottes, dass er uns seine Güte und Barmherzigkeit zuwendet.

30 Jahre später wird Jesus sich im Jordan vom Propheten Johannes taufen lassen, als hätte er das nötig. Er lässt sich ins Wasser des Flusses tauchen, als müsste er vom Schmutz der Gottlosigkeit, Lüge, Selbstgerechtigkeit und Unbarmherzigkeit reingewaschen werden. Dabei ist er doch der einzige Gerechte. Und genau in dem Augenblick hört er die Stimme Gottes, die zu ihm spricht: »Du bist mein geliebter Sohn, an dem ich Wohlgefallen habe.« Da hat sich Jesus unsere ekelhafte Gottlosigkeit angezogen und schleppt sie bis in den Tod am Kreuz. Jesus trägt alles, was uns von Gott abstößt, damit der heilige Gott zu uns sagen kann: »Du gefällst mir.«

Vor zehn Tagen stand ich am Sterbebett einer Frau. Ihren Familiennamen kennt fast jeder in Deutschland. Aber jetzt zählten nicht Tüchtigkeit und geschäftlicher Erfolg. Sie bekam kaum noch Luft und hatte starke Schmerzen, die nur mit Mühe gestillt werden konnten. Sie wusste, es ging zu Ende. Wir lasen die Bibel. Wir sprachen über Jesus, der unsere Schmerzen und Schuld getragen hat. Sie stimmte heftig zu. Ich las aus Römer 8, Vers 1: »So gibt es nun keine Verdammnis für die, die in Christus Jesus sind.« Sie sprach deutlich auswendig die Worte des Römerbriefs mit: »Ist Gott für uns, wer kann gegen uns sein? Der auch seinen eigenen Sohn nicht verschont hat, sondern hat ihn für uns alle dahingegeben...« Da sagte sie: »Ja, wir dürfen nicht zu oberflächlich von Jesus sprechen. Es war nicht einfach für ihn. Sein Leiden, seine Schmerzen für uns. Und wir haben es doch nicht verdient.« Wir beteten miteinander. Ich segnete die sterbende Frau. Ein Glanz des Friedens Gottes lag trotz des schweren Atems und des Kampfes über ihrem Gesicht. Wir haben sie vor wenigen Tagen in einer großen Gemeinde zu Grabe getragen. Mächtig klang die Anbetung Gottes in dieser Gemeinde, als wir sangen: »Dem, der uns liebt und uns von unseren Sünden gewaschen hat in seinem Blut... Ihm sei die Herrlichkeit und die Macht von Ewigkeit zu Ewigkeit. Amen.« Das war wie ein Echo des Engelchores in der Christnacht.

Unser Leben soll gut und heil werden. Unsere Beziehung zu Gott soll gut und heil werden. Unsere Beziehung zu den anderen Menschen, auch zu den Feinden, soll gut und heil werden. Unsere Beziehung zu uns selbst und zur Schöpfung Gottes soll gut und heil werden. Schalom, Frieden auf Erden.

Deshalb verzichtet Gott auf alle Wellness. Er kommt nicht in einem Fünf-Sterne-Wellness-Hotel zur Welt, sondern in einem dreckigen Verschlag. Er kommt in Lebensumstände, in denen jedes Baby nur sterben kann. Kaum geboren, wird er von einem grausamen Tyrannen gejagt.

Damit kein Missverständnis darüber aufkommt, wer die Menschen sind, an denen Gott Gefallen hat, lässt er die Nachricht zuerst den Hirten sagen. Das waren Typen, die von den gebildeten und religiösen Führungseliten damals verachtet wurden. Die nannten sie »das Volk des Landes« und fügten immer hinzu: »verflucht sei es«. Die Hirten waren ungebildet. Sie kannten das Gesetz Gottes nicht. Sie lebten unterm Strich. Das waren sozial und religiös hoffnungslose Fälle. Ausgerechnet denen aber lässt Gott sagen: »Euch ist heute der Retter geboren. Ihr seid die Menschen, die im Licht von Gottes Wohlgefallen stehen.«

Es kommt kein Fünf-Sterne-Wellness-Paket für Wohlhabende, sondern die Wellnesswelle der rettenden Liebe Gottes für alles Volk – so sagt es der Bote Gottes ausdrücklich. Und diese Wellnesswelle kommt und trägt uns hoch und lässt uns Gottes Herrlichkeit sehen, obwohl eigentlich ein Tsunami des Gerichtes Gottes uns begraben müsste.

Damit sind wir eigentlich schon mittendrin im Weihnachtswirbel. Aber der biblische Bericht lässt uns an noch mehr Bewegung teilhaben – hoffentlich nicht nur als Zuhörer und Zuschauer. Hoffentlich lassen Sie sich mit hineinreißen.

2. Der Weihnachtswirbel

Nun denken Sie vielleicht: »Du kannst den Weihnachtswirbel doch nicht positiv deuten?« Ja, das will ich. Schauen Sie nur in den Bericht über die Nacht der Geburt von Jesus.

Es herrschte zunächst eine schreckliche Hektik. Die war gar nicht positiv. Es herrscht immer schreckliche Hektik, wenn es ums Geld geht. Und der Regierung des Kaisers Augustus ging es ums Geld. Volkzählung, Steuerzahlung – darum trieben sie die Menschen durchs Land, ohne Rücksicht auf die persönlichen Nöte der Leute. Kein Mutterschutz für Maria. Kein geeignetes Quartier unmittelbar vor der Geburt. Das ist der ganz normale Wahnsinn, der unser Leben oft so unerträglich macht. Wenn Sie darunter leiden, dann lassen Sie sich sagen: Sie sind der richtige Adressat für die Weihnachtsbotschaft. Genau in diese Welt kommt Gott. Er sucht nicht eine ruhige Idylle. Er sucht uns mitten in dieser zerstörerischen Hektik.

Aber dann setzt ein Weihnachtswirbel ein, der wunderbar befreiend ist und uns hoffentlich alle in sich hineinzieht. Der Wirbel wird durch extreme Gegensätze verursacht. Es herrscht dunkle Nachtschicht auf dem Hirtenfeld, und gleißendes Licht der Herrlichkeit Gottes geht plötzlich darüber auf. Da haben wir Gottes Herrlichkeit und die himmlischen Milizen mit ihrem Rettungs-Rap einerseits und gesellschaftlich ausgegrenzte Typen, religiös hoffnungslose Fälle, andererseits.

Einerseits sind die Hirten vor Schrecken starr, andererseits rennen sie los, um zu sehen, ob die Geschichte stimmt. »Und als die Engel von ihnen gen Himmel fuhren, sprachen die Hirten untereinander: Lasst uns nun gehen nach Bethlehem und die Geschichte sehen, die da geschehen ist, die uns der Herr kundgetan hat. Und sie kamen *eilend* und fanden beide, Maria und Josef, dazu das Kind in der Krippe liegen.« Tempo, Tempo, heißt es da.

Ich habe natürlich nichts gegen den Wunsch nach Ruhe und Besinnlichkeit. Aber ich wünsche mir, dass Sie es eilig haben, um herauszufinden, dass die Geschichte stimmt. Es ist doch ein Elend, dass in diesem Land Weihnachten mit Märchen verbunden wird, die man kleinen Kindern erzählt, die aber kein erwachsener Mensch mehr für bare Münze nimmt. Und manche Zeitgenossen haben den Eindruck, dass wir Christen die Geschichte von Jesus und seiner Geburt auch für ein Märchen halten. Ich kann ja nicht ausschließen, dass es Leute in der Kirche gibt, die sich tatsächlich als Märchentanten und Märchenonkel betätigen. Darauf können wir wirklich verzichten.

Was finden die Hirten in Bethlehem? Sie finden das Baby in Pampers und im Fresstrog vom Vieh. Sehr menschlich, ganz ungöttlich, aber so, wie die himmlischen Boten es angekündigt haben. Krippe und Windeln waren die verabredeten Erkennungszeichen für den Retter der Welt: Gott im Fresstrog vom Vieh. Der Höchste am tiefsten Ort.

Das passt in keine Schublade, die Menschen machen könnten. Alle Vorstellungen werden durcheinander gewirbelt. Die Welt wird vom Kopf auf die Füße gestellt. Gott wird Mensch.

Die Hirten werden von diesem rettenden Weihnachtswirbel erfasst und mitgerissen. Sie können nicht schweigen – Ruhestörung nachts in Bethlehem: »Als sie es aber gesehen hatten, breiteten sie das Wort aus, das zu ihnen von diesem Kinde gesagt war. Und alle, vor die es kam, wunderten sich über das, was ihnen die Hirten gesagt hatten.«

Vielleicht waren ja einige von diesen Menschen dabei, als 33 Jahre später der Sturm von Gottes Geist in Jerusalem die jungen Jesus-Leute ergriff und sie mutig öffentlich von Jesus berichteten – nicht mehr von der Krippe, von den Windeln und vom Engel-Rap, sondern von Leiden und Kreuzigung und Auferweckung des Jesus Christus. Der auferstandene Retter sorgt selbst dafür, dass der Weihnachtswirbel nicht zum Stillstand kommt. Er wird zum Auferweckungswirbel. »Ihr werdet die Kraft des Heiligen Geistes empfangen und meine Zeugen sein« – nicht nur in Jerusalem und Umgebung, sondern in der ganzen Welt. So hat er seine Nachfolger gesandt. So tut er es bis heute.

Ich denke an einen Optiker in einem arabischen Land, in dem ich einige Zeit lebte. Dort war jede öffentliche Werbung für den christlichen Glauben als islamfeindliche Propaganda verboten. Er ließ sich nicht hindern, den Menschen die rettende Nachricht weiterzusagen. Wenn ein Kunde eine Brille kaufte, bat er ihn, eine Leseprobe zu machen und reichte ihm ein Neues Testament, schlug Johannes 3, Vers 16 auf und ließ den Kunden laut lesen: »So sehr hat Gott die Welt geliebt, dass er seinen eingeborenen Sohn gab, damit alle, die an ihn glauben, nicht verloren gehen, sondern das ewige Leben haben.«

Lassen Sie es uns wie die Hirten machen: Tempo! Nachsehen, ob die Geschichte stimmt. Nicht locker lassen, bis Sie Gewissheit haben. Lesen Sie die Bibel! Reden Sie mit den Christen! Reden Sie mit Gott im Gebet! Stellen Sie Ihre Fragen! Suchen Sie!

Zu wahr, um schön zu sein

Ich war in einem muslimischen Haus in Jerusalem zum Mittagessen eingeladen. Die Dame des Hauses wollte mit mir über den christlichen Glauben sprechen. Sie war sehr gebildet und sehr interessiert. Ich werde nicht vergessen, was sie sagte: »Ich verstehe nicht, dass Sie als Christen den gekreuzigten Jesus in die Mitte Ihres Glaubens stellen. Mir tut es körperlich weh, wenn ich das Kreuz sehe.« Sie war entsetzt. So könne man doch nicht an Gott glauben.

Paul Gerhardt lenkt mit seinem Lied unseren Blick auf das schreckliche Bild: »O Haupt voll Blut und Wunden, voll Schmerz und voller Hohn!« Wie kann man das aushalten?

Wir Menschen sind sehr widersprüchlich. Wir wenden uns einerseits entsetzt von blutigen Unfallopfern ab. Andererseits bildet sich bei schweren Unfällen wegen der Sensationslust ein Gaffer-Stau auf der Gegenfahrbahn.

Die Bibel mutet uns den Bericht über die brutale Folterung und Hinrichtung von Jesus zu.

> Da nahmen die Soldaten des Statthalters Jesus mit sich in das Prätorium und sammelten die ganze Abteilung um ihn. Und sie zogen ihn aus und legten ihm einen Purpurmantel an und flochten eine Dornenkrone und setzten sie ihm aufs Haupt und gaben ihm ein Rohr in seine rechte Hand und beugten die Knie vor ihm und verspotteten ihn und sprachen: Gegrüßet seist du, der Juden König! Und spien ihn an und nahmen das Rohr und schlugen damit sein Haupt.
>
> Matthäus 27,27-30

Das ist Stoff für den Internationalen Gerichtshof. Es ist die Zumutung der Wahrheit. Da gilt: Zu wahr, um schön zu sein!

1. Die Entlarvung des Menschen

Die schreckliche Szene passiert im Prätorium, einem Teil der Burg Antonia am Rande des Tempelplatzes. Dort residierte der römische Gouverneur Pontius Pilatus, wenn er sich in Jerusalem aufhielt. Dieser feige Machtmensch hatte genau erkannt, dass Jesus unschuldig war. Aber es schien seiner Karriere nicht förderlich, für Recht und Gerechtigkeit einzustehen und ihn freizulassen. Er schob dem Volk die Verantwortung in die Schuhe und überließ Jesus dem Hinrichtungskommando.

Die militärische Abteilung umfasste wahrscheinlich 600 Soldaten. Jesus wurde ausgepeitscht. Diese Tortur überlebten viele Opfer schon nicht mehr. Dann trieben die Soldaten ein schreckliches Spiel mit ihm.

Wenn Sie in die Altstadt von Jerusalem kommen, finden Sie auf der Via dolorosa den Konvent der Zionsschwestern. In deren Haus können Sie die Ausgrabungen des mit großen Quadern gepflasterten Hofes der Burg Antonia finden, Gabbatha genannt. In die Steine eingeritzt können Sie dort das Spielfeld eines Würfelspieles, des so genannten Königsspiels, sehen. Wenn die Soldaten sich langweilten, würfelten sie einen aus, der dann als Spottkönig lächerlich gemacht wurde. Diesem Pechvogel spielten sie übel mit. Die hatten ja noch nicht *Counterstrike* oder andere Killerspiele und machten so was eben live, wie das auch heute auf Schulhöfen und sonstwo passiert. Wenn der Kommandant den Soldaten etwas Gutes tun wollte, gab er ihnen für dieses Spiel einen Hinrichtungskandidaten. Dann konnten sie das Spottkönigspiel richtig echt spielen. Das machte natürlich mehr Spaß.

Genau das geschieht mit Jesus. Ein roter Offiziersumhang muss als Königsmantel dienen. Die Krone wird aus Dornengestrüpp geflochten. Das war Brennmaterial anstelle von Gold und Juwelen – Spott und Folter zugleich. Sie drücken ihm einen Knüppel anstatt eines Elfenbeinzepters in die Hand. Sie knien zur Huldigung vor ihm nieder, grüßen ihn wie einen König. Sie bespucken ihn und schlagen ihm mit dem Knüppel auf den Kopf.

Das alles war natürlich nicht persönlich gemeint. Sie kannten Jesus gar nicht. Sie hatten persönlich nichts gegen ihn. Sie waren sicher auch nette Väter, die ihren Kindern Teddys als Souvenir mitbrachten. Sie machten nur ihren Job. Und sie mussten schließlich auch mal ihren Spaß haben. Das Leben als Söldner war hart genug.

Nicht nur in dieser Szene, aber auch hier zeigt uns der biblische Bericht über das Leiden von Jesus das wahre Gesicht des Menschen. Wir sind zu allem fähig. Das ist nicht als Futter gedacht für unsere Entrüstung darüber, wie schrecklich andere sein können. Hier wird uns allen der Spiegel vorgehalten. Das sind wir, auch wenn uns Eisbärbaby Knut zu Tränen rührt.

Zu wahr, um schön zu sein. Diese schonungslose Entlarvung des Menschen mögen wir nicht. Wir wollen bestätigt und getröstet werden. Selbst wenn wir die Gebote Gottes mit Füßen treten, finden wir entschuldigende Gründe dafür. Wir möchten akzeptiert sein, auch mit unseren bösen Taten. Wir bevorzugen die Opiumreligion, die uns betäubt. Die Wahrheit unseres Lebens wollen wir nicht sehen. Aber die Bibel hält uns den Spiegel vor.

Wir sehen in diesem Bericht noch mehr als das.

2. Der Schmerz Gottes

Der japanische Theologe Kazoh Kitamori schrieb 1946 – bald nach den schrecklichen Erfahrungen mit dem Atombombenabwurf auf Hiroshima und Nagasaki – sein Buch über den Schmerz Gottes. Es dauerte fast 30 Jahre, bis dieses Buch in Deutschland und der Welt zur Kenntnis genommen wurde. Es passte nicht in die europäische Vorstellungswelt.

Kazoh Kitamori schreibt:»Der Schmerz Gottes ist der vollkommenste Ausdruck der Liebe Gottes.« Wir Menschen verursachen mit unserer Sünde den Zorn Gottes. Aber noch mehr. Sünde bedeutet Trennung von Gott. Diese Trennung verursacht Schmerzen bei Gott, der uns geschaffen hat und liebt.

Wenn schon Eltern aus Liebe zu ihren Kindern die Schmerzen spüren, wenn ein Kind sie verachtet und sich von ihnen trennt, wie viel mehr Gott, der die Liebe ist! Liebe macht verletzlich.

Es ist Gottes Entschlossenheit, die Menschen, die durch ihre Sünde seinen Zorn verursachen, zu lieben. Der Zorn und die Liebe Gottes verbinden sich am Kreuz. »Die Wirklichkeit des Schmerzes Gottes ist Jesus Christus.« Und dieser Schmerz Gottes bewirkt die Vergebung der Sünden.

Das Wort Gottes malt uns den Schmerzensmann Jesus Christus vor Augen. Wir können den ewigen Gott nicht sehen. Aber in Jesus sehen wir den Schmerz des liebenden Vaters.

Wie reagieren wir darauf?

3. Die herzliche Begrüßung

Ich sah neulich im Fernsehen eine Sendung über einen der großen Dirigenten unserer Zeit. Mit tiefer Hingabe dirigierte er die Matthäus-Passion von Bach. Er erzählte im Gespräch mit dem Journalisten, dass er sich dabei vollkommen in Text und Musik hineingebe. Das sei die gewaltigste Musik, die er kenne. Aber wenn der Applaus verklungen sei, kämen alle Zweifel am Inhalt wieder zurück. Dann sei ihm der Bericht der Leidensgeschichte nicht mehr plausibel.

Was ist plausibel? Das lateinische Wort *plaudere* heißt nicht plaudern, sondern Beifall klatschen. Wenn etwas plausibel ist, dann erhält es also Beifall und damit Zustimmung. Wenn etwas von vielen Menschen Beifall erhält, dann erscheint es einleuchtend und annehmbar. Wenn etwas keinen Beifall bekommt, erscheint es uns nicht mehr plausibel.

Johann Sebastian Bach hat Paul Gerhardts Choral »O Haupt voll Blut und Wunden« in seiner Matthäus-Passion gleich hinter die Verspottung durch die Soldaten gesetzt. Die perverse Verspottung bietet paradoxerweise das Muster, wie wir tatsächlich reagieren sollen.

Jesus wird zum Spott mit dem Königsmantel gekleidet, gekrönt und erhält das Zepter des Regenten. Die Soldaten knien vor ihm und huldigen dem König. Genau das ist es, was Jesus gegenüber jetzt geschehen soll und geschieht. Aber nicht als Spott, sondern in tiefer, dankbarer Anbetung und Hingabe: »O Haupt voll Blut und Wunden, voll Schmerz und voller Hohn..., gegrüßet seist du mir!« Herzlich willkommen in meinem Leben!

Paulus schreibt:

> »Ich schäme mich des Evangeliums nicht, denn es ist Kraft Gottes, die rettet alle, die daran glauben..., denn darin wird offenbart die Gerechtigkeit Gottes.«
>
> (Römer 1,16-17)

Das schrieb er nach Rom, wo die Botschaft vom gekreuzigten König Jesus für die Mehrheit überhaupt nicht plausibel war. Für Jesus gab es dort keinen Applaus – außer in der verfolgten Christengemeinde. Beifall klatschten die Römer, als die Christen im Kolosseum den Löwen zum Fraß vorgeworfen wurden und als sie als Pechfackeln in den Gärten von Nero brannten. Die Anklage lautete: »*Odium humani generis*« – Hass auf das Menschengeschlecht: Die machen die Menschen schlecht. Die behaupten, die Menschen seien so verloren, dass sie nur noch durch den stellvertretenden Tod des Mensch gewordenen Gottes gerettet werden können. Das empfindet der selbstgerechte Mensch als Beleidigung. Kein Applaus, sondern Spott und Ablehnung sind angesagt.

1856 fanden Archäologen in Rom die Reste einer Ausbildungsstätte für Sklaven am Hof des Kaisers. An den Mauern fand man Wandkritzeleien. Graffiti waren damals wie heute in Schulen üblich. Eine zeigt einen menschlichen Körper mit einem Eselskopf, der am Kreuz hängt. Daneben ein Junge mit erhobenen Händen. So betete man damals, wie manche

es auch heute wieder tun. Darunter stand in den Putz gekritzelt: »Alexamenos betet seinen Gott an.«

Es hat sich in den Hauptstädten Europas bis heute nicht viel geändert. Die einen verspotten den gekreuzigten Jesus, die anderen beten ihn mit Paul Gerhardt an: »Nun, was du, Herr, erduldet, ist alles meine Last; ich hab es selbst verschuldet, was du getragen hast. Schau her, hier steh ich Armer, der Zorn verdienet hat. Gib mir, o mein Erbarmer, den Anblick deiner Gnad.«

Ich lade Sie ein, dem gekreuzigten König Ihr »Herzlich willkommen in meinem Leben!« entgegenzurufen.

Ruhestörung

Vor einiger Zeit veröffentlichte eine große Wochenzeitung wieder einmal die Ergebnisse einer Umfrage über den Glauben in Deutschland. In dem Bericht fand sich die erstaunliche Feststellung: In Deutschland glauben mehr Leute an die Existenz von Engeln (über 70 Prozent, wenn ich mich recht erinnere) als an die Existenz Gottes. Es gibt eben einen hohen Bedarf an Schutz in einer Welt voller Angst. Die bezahlten Bodyguards stehen leider nur für Promis zur Verfügung. Die Engel sind kostenlos. Sie sollen die gleiche Aufgabe erfüllen. Aber warum wenden wir uns nicht gleich an Gott? Warum suchen wir nicht Schutz bei Jesus direkt? Das Angebot steht doch, dass der Herr unser Schutz sein will. Aber da liegt der kritische Punkt: Wir wollen selber die Chefs unseres Lebens bleiben. Die Engel sind nur Service-Personal. Sie sollen unser Leben nicht bestimmen. Sie sollen für Ruhe sorgen.

In dem Osterbericht, den wir jetzt lesen, tritt der Engel allerdings als Ruhestörer, nicht als Beruhiger auf:

> Als aber der Sabbat vorüber war und der erste Tag der
> Woche anbrach, kamen Maria von Magdala und die andere

Maria, um nach dem Grab zu sehen. Und siehe, es geschah ein großes Erdbeben. Denn der Engel des Herrn kam vom Himmel herab, trat hinzu und wälzte den Stein weg und setzte sich darauf. Seine Gestalt war wie der Blitz und sein Gewand weiß wie der Schnee. Die Wachen aber erschraken aus Furcht vor ihm und wurden, als wären sie tot. Aber der Engel sprach zu den Frauen: Fürchtet euch nicht! Ich weiß, dass ihr Jesus, den Gekreuzigten, sucht. Er ist nicht hier; er ist auferstanden, wie er gesagt hat. Kommt her und seht die Stätte, wo er gelegen hat; und geht eilends hin und sagt seinen Jüngern, dass er auferstanden ist von den Toten.

Matthäus 28,1-7

Der Engel gehört nicht zu den *Hell's Angels* – der berüchtigten Motorrad-Rocker-Gruppe. Der Bote kommt aus Gottes Welt. Er stört die Ruhe. Wen stört er?

1. Er stört die Ruhe der Trauernden

Nach all dem Getöse, Waffenlärm, Soldatengebrüll, Massengeschrei, nach all dem Gerenne seit Donnerstagnacht, nach dem Bangen und Hoffen, den Schrecken und Enttäuschungen suchen die Frauen Ruhe. Der Sabbat hatte bereits etwas Beruhigung erzwungen. Jetzt gehen die Frauen zum Friedhof.

Friedhöfe sind Oasen der Ruhe mitten im Getöse der Großstadt. Ich ging in Berlin-Mitte auf den Dorotheenstädtischen Friedhof. Ruhe lag über den Gräbern bedeutender Menschen. Der Lärm der Stadt Berlin war nur von ferne hörbar. Ich stand am Grab des Bundespräsidenten Johannes Rau. Bewegt las ich den Satz auf dem Grabstein: »Dieser war auch mit dem Jesus von Nazareth.«

Von den Frauen wird berichtet, dass sie das Grab sehen wollten. Das ist in der Situation der Trauer eine Hilfe. Trauerarbeit nennen wir das heute: nahe beim Toten dem Schmerz Raum geben, vielleicht auch

Dankbarkeit empfinden für das, was er zu Lebzeiten gewesen ist. Es hilft, sich die Endgültigkeit des Abschieds bewusst zu machen. Angesichts des Grabes weiß man, woran man ist. Die verbliebenen Wünsche und Hoffnungen muss man hier auch begraben. Man muss einen neuen Orientierungsrahmen für sein Leben finden. Die Ruhe zum Trauern ist also nötig.

Aber jetzt wird sie gestört. Erdbeben, Blitz, erschreckendes Licht, das Symbol der Endgültigkeit – der Stein – wird weggewälzt. Demonstrativ setzt sich der Bote Gottes darauf. Es ist nicht so, dass die Auferweckung von Jesus jetzt passiert. Der ist längst weg. Der Blick wird mit der himmlischen Beleuchtung und Bewegung auf die Tatsache gelenkt, dass das Grab nichts mehr zu bieten hat.

Gottes Wirklichkeit wird in aufschreckender Weise erfahrbar.

Hier passiert, was Jesus in der Gemeinschaft mit seinen Jüngern zweieinhalb Tage zuvor beim Sedermahl zur Eröffnung des Passafestes gesungen und gebetet hatte. Da wird nämlich am Tisch das große Passa-Hallel gesungen. Das sind die Psalmen 113 bis 118. Und in Psalm 114,7 heißt es: »Vor dem Herrn erbebe, du Erde, vor dem Gott Jakobs.« Gott ist da. Der Leben schaffende Herr handelt.

Hier passiert, was die Jünger einmal auf dem Berg Tabor gesehen und nicht begriffen haben. Jesus wurde vor ihren Augen in Gottes Herrlichkeit verwandelt (Markus 9,3). Sie sahen ihn in einem strahlend hellen Gewand. Und es geschieht hier wie immer, wenn Menschen etwas von Gottes Wirklichkeit wahrnehmen dürfen: Sie erschrecken.

Was geschieht hier? Und warum? Kann man das verstehen?

Es gibt Grund zum Fürchten, wenn wir der Heiligkeit Gottes begegnen. Dann wird nämlich sofort die völlige Unangemessenheit unseres Lebens sichtbar. Wir passen nicht zu ihm, dem heiligen Gott. Aber für die Frauen bringt der Engel gute Botschaft: »Fürchtet euch nicht!«

Sie versuchten am Grab durch Trauerarbeit eine neue Orientierung für ihr Leben zu finden. Der Engel sagt ihnen, was der neue Rahmen ist: Das Grab ist leer. Jesus ist auferstanden. Das ist unbegreiflich. So etwas gibt es nicht. Weil wir nichts Vergleichbares kennen, können wir die Auferstehung von Jesus nicht begreifen.

Der einzige Bezugspunkt, der uns beim Verstehen hilft, ist sein Wort: »Er ist auferstanden, wie er gesagt hat.« Die erste lebenswichtige Tatsache, die die Frauen hier am leeren Grab lernen sollen, ist: Was Jesus gesagt hat, gilt. Darauf ist Verlass: »Himmel und Erde werden vergehen, aber meine Worte werden nicht vergehen« (Matthäus 24,35). Das ist die Orientierung für unser Leben. Also lesen wir die Bibel im Licht der Auferweckung von Jesus Christus. Die Bibel ist nicht ein altes religiöses Dokument, sondern das gültige Wort des auferstandenen Herrn Jesus Christus. Blitz, Licht und Erschütterung des Ostertages begegnen uns darin.

Dem Engel ist wichtig: Das Grab ist leer. Das ist ja nur der erste Teil, der negative Teil der Auferstehungserfahrung. Das Entscheidende steht den Frauen noch bevor: Sie werden dem lebendigen Jesus begegnen. Aber warum ist es so wichtig, dass das Grab leer ist?

Viele behaupten, darauf käme es gar nicht an. Die Leiche könne ruhig im Grab geblieben sein. Es gehe um tiefere oder höhere Wahrheiten, zum Beispiel, dass die Sache Jesu weitergehe. Im Glauben der Menschen drücke sich aus, dass Jesus irgendwie im übertragenen Sinne weiterlebe – so wie die Verehrer von Goethe darauf schwören, dass Goethe in seinem Werk und in seinen Verehrern auch heute noch lebt.

Alles ist also nur symbolisch, irgendwie geistig und gedanklich oder gefühlsmäßig gemeint?

Nein, sagt die Bibel, nicht irgendwie geistig, sondern wirklich. Der Schöpfer hat den Leichnam des Gekreuzigten in die Wirklichkeit Gottes verwandelt. Er ist nicht mehr in der Todeszelle von Raum und Zeit gefangen. Deshalb musste der Stein nicht weggerollt werden, um die Auferstehung zu ermöglichen. Die Soldaten konnten sowieso nichts verhindern.

Es muss vor 25 Jahren gewesen sein. In der Unterführung am Bahnhof Friedrichstraße gab es eine Buchhandlung. Und da habe ich mich zu sozialistisch-missionarischen Preisen mit der blau-weißen Marx-Engels-Ausgabe eingedeckt. Ich habe sie natürlich auch eifrig studiert. Und denken Sie, man kann bis heute Erbauliches darin finden. Ich habe noch mal geblättert und die von mir dick unterstrichene 11. These von Karl Marx über Ludwig Feuerbach gelesen: »Die Philosophen haben die Welt nur verschieden interpretiert, es kommt aber darauf an, sie zu verändern.«

Wie wahr! Nicht nur die Philosophen, auch die Theologen haben sich zu diesem nutzlosen Geschäft verführen lassen. Die ganze Deuterei findet doch nur in unsern Köpfen statt. Gott aber hat an Ostern die Wirklichkeit verändert. Und jetzt will er unser Leben verändern. Klar, unser Denken gehört auch dazu. Aber es geht um mehr: was wir mit Händen und Füßen tun, was wir im Alltag schaffen und wie wir am Sonntag ruhen, dass wir die Feinde lieben, uns um Arme, Kranke und Geschundene kümmern.

Ich habe mir im Grab von Jesus schmerzhaft eine dicke Beule am Kopf geholt. Ich habe das Grab in der Grabeskirche in Jerusalem besucht. Die Stelle jedenfalls, die dort als Grab Jesu gezeigt wird. Man muss sich bücken, um durch den niedrigen Eingang in die Höhle zu gehen. Rings um die Grabbank las ich dort in Latein und im Kerzenschein: »Was sucht ihr den Lebendigen bei den Toten? Er ist nicht hier; er ist auferstanden.« Da habe ich mein Halleluja gebetet und bin rückwärts wieder raus. Krach – knallte mein Kopf gegen die Marmortürschwelle. »Was kriechst du auch hier herum, wo Jesus doch auferstanden ist und lebt«, habe ich mir gedacht und fröhlich meine Birne gerieben.

2. Er schockt die Sicheren

Die Soldaten können wir kurz abtun. Die Bewacher des Todes sind geschockt und wie tot. Was für ein Witz! Angeblich hatten sie alles unter Kontrolle. Und jetzt haben sie nicht einmal sich selbst unter Kontrolle.

Jesus macht ihnen ihren sicheren Job kaputt. Bestattungsunternehmen gelten ja bis heute als krisenfestes Geschäft.

Diese Erfahrung ist eine modellhafte Vorabbildung dessen, was am Ende der Zeit geschehen wird. Wenn Jesus als Richter kommen wird, braucht niemand mehr zu diskutieren. »Denn wie der Blitz ausgeht vom Osten und leuchtet bis zum Westen, so wird auch das Kommen des Menschensohns sein.« Das hat Jesus gesagt (Matthäus 24,27).

Und wer die Auferstehung Jesu leugnet, für den bleibt nur ein Leben in der Lebenslüge mit ein bisschen Geldtrost. So ist es den Soldaten ergangen, als sie aus dem Schock erwacht sind. Sie meldeten das unerhörte Geschehen ihren Vorgesetzten. Die verdonnerten sie dazu, etwas von Diebstahl zu faseln, wenn sie gefragt würden, und gaben ihnen dafür Geld.

Wache brauchen die Soldaten nicht mehr zu halten. Der Engel hält demonstrativ Sitzwache auf dem Stein. Den rollt keiner mehr vor das Grab.

Wichtiger ist noch die dritte Ruhestörung.

3. Das Ende der Langsamkeit – oder: Jesus macht uns Beine

Das mag Ihnen jetzt befremdlich vorkommen. In unserer hektischen Welt suchen wir in der Religion die Ruhe, um Kraft zu schöpfen. Wenn ich vor meinem Computer sitze und auf den Ladebalken starre, der unendlich langsam von links nach rechts kriecht, dann denke ich: »Langsamer geht's nicht mehr.« Zugegeben, es gibt trotzdem noch genug Tempodruck in unserer Zeit, der auf die Pumpe geht. Die Sehnsucht nach Ruhe ist nicht unbegründet. Man preist heute die Entschleunigung.

Aber in der Ostergeschichte drückt Gott aufs Tempo: »Geht schnell hin und sagt es seinen Jüngern, dass er auferstanden ist von den Toten! Eilends!«

Warum schnell? Auferstehung, das ist doch der Beginn der Ewigkeit. Da haben wir genug Zeit. Immer gemütlich! Ja, wir selbst haben alle Zeit der Welt. Keine Panik. Uns stiehlt niemand mehr das Leben, solange Jesus uns schützt und wir im Vertrauen mit ihm verbunden sind.

Aber die anderen! Es fängt bei den Jüngern an. Und dann zieht es Kreise in Jerusalem und bis an die Enden der Welt. Bis nach Deutschland ist die Botschaft von Jesus gebracht worden. Und jetzt geht es weiter durch alle Kontinente: von Mund zu Mund, per Funk und Fernsehen, über Satelliten in die verbotenen Länder. Und es geht weiter mit dem gedruckten Wort der Bibel – in alle Sprachen, die Menschen auf dem Globus sprechen.

Religion, die kann man vielleicht für sich behalten. Die ist ja nur ein privates Gefühl oder eine persönliche Ansicht, persönlich wertvoll, aber unverbindlich und nicht wichtig für alle.

Aber jeder Mensch hat ein Menschenrecht, die Botschaft vom gekreuzigten und auferstandenen Jesus Christus zu hören. Er schafft uns die rettende Verbindung zu Gott, dem Schöpfer, der Quelle des Lebens. Ohne die Versöhnung mit dem lebendigen Gott sind wir in Zeit und Ewigkeit verloren. Die Befreiung von den despotischen Götzen und die Hinkehr zum lebendigen Gott geschieht durch den gekreuzigten und auferstandenen Jesus Christus allein. Darum hat jeder Mensch ein Recht darauf, diesen Jesus Christus kennenzulernen. Auch jeder Mensch in Berlin. Auch jeder Mensch in der Türkei.

Fünf junge Männer, die sich zusammen auf die Aufnahmeprüfung zur Universität vorbereiteten, gingen am 17. April 2007 in die Räume des kleinen Bibelverlags in der türkischen Stadt Malatya. Sie hatten es auf den 35-jährigen Necati Aydin abgesehen, den Pastor einer kleinen christlichen Gemeinde. 25 Türken gehören zu dieser Gemeinde, lauter frühere Muslime. Necati Aydin hatte sich vor zehn Jahren zu Jesus Christus bekehrt. Seinen Lebensunterhalt verdiente er als Angestellter des christlichen Verlages »Zirve«, der vor allem Bibeln verbreitet. Ehrenamtlich leitete er die Gemeinde. Ugur Yüksel, 32 Jahre alt, arbeitete ebenfalls für diesen Verlag. Außerdem trafen die Mörder dort den Deutschen Tilman Geske, 46 Jahre alt. Er lebte schon länger in der Türkei, betrieb dort eine registrierte Beratungsfirma, übersetzte deutsche Bücher ins Türkische und beriet in Erziehungsfragen. Er war Christ, der sich als Missionar verstand. »Zeltmacher« nennen wir diese Zeugen von Jesus, die wie Paulus ihren Lebensunterhalt durch eine normale berufliche Tätigkeit verdienen und dann, wie eigentlich jeder Christ es an seinem Ort tun sollte, in Wort und Tat Zeugen für Jesus Christus sind.

Die Mörder fesselten die drei Männer an Händen und Füßen an Stühle, verhörten sie und schnitten ihnen dann die Kehlen durch.

»Der Polizei gaben sie als Motiv für ihr Blutbad das ›missionarische Wirken‹ des Verlags und der kleinen Gemeinde an. Sie hätten die Christen zuvor gewarnt. Die hätten von ihrem Tun aber nicht gelassen. Nicht für sich selbst hätten sie die drei getötet, sondern für ihre Religion und um den Feinden ihrer Religion eine Lektion zu erteilen.«[13]

Der Preis ist hoch. Fast alle aus dem ersten Kreis der Jünger Jesu sind gewaltsam umgebracht worden, weil sie nicht schweigen konnten. »Wir können's ja nicht lassen, von dem zu reden, was wir gesehen und gehört haben«, sagten sie vor Gericht in Jerusalem (Apostelgeschichte 4,20). Und auf Bedrohung und Redeverbot entgegneten sie: »Man muss Gott mehr gehorchen als den Menschen.« (Apostelgeschichte 5,29)

Wenn Sie wollen, können Sie sich darüber informieren, dass Christen, die das Evangelium nicht für sich behalten können und wollen, drangsaliert und schikaniert werden. Sie werden überfallen und verprügelt. Aber sie machen weiter. Die Frau des in Malatya ermordeten Tilman Geske, Susanne, ist mit ihren drei Kindern in Malatya geblieben.

Was wir brauchen, ist nicht nur Toleranz. Wir brauchen Feindesliebe. Die Feindesliebe Gottes hat uns gerettet. Diese Feindesliebe ist die geheimnisvolle Energie, die stärker ist als der Tod. Sie wird angetrieben von der Energie Gottes, die Jesus ans Kreuz trieb und aus dem Grab.

Jesus macht uns Beine, damit wir zu den Menschen laufen. Ich weiß, manche sehen das ganz anders. Ein Pfarrerkollege in der Stadt, in der ich lebe, stellte sich in der Tageszeitung vor und empfahl sich der Öffentlichkeit mit der Erklärung, dass er vieles wolle, aber auf keinen Fall missionieren. Womöglich werden einige, die sich auch Christen nennen, behaupten, dass die drei, denen man in Malatya die Kehlen durchgeschnitten hat, durch ihre Missionstätigkeit das Blutbad selbst verschuldet haben.

Ich lade Sie herzlich ein, Ihr Leben dem auferstandenen Jesus zu öffnen. Empfangen Sie die kostbare Liebe Gottes für sich. Sie werden reich dadurch. Sie werden nicht der Endverbraucher dieser Liebe sein. Sie werden empfangen und weitergeben wollen. Gegen alle Widerstände.

Wenn Wahrheit Wunsch wird

Wenn die Wahllokale an den Wahltagen um 18 Uhr schließen, werden die Hochrechnungen bekannt gegeben. Dann sitzen politisch interessierte Menschen vor dem Fernseher und fiebern, ob ihre Wünsche Wahrheit geworden sind. Die Hochrechnungen sind erfahrungsgemäß nahe an der Wahrheit. Das erhoffen wir uns natürlich für alle unsere Wünsche. Wir verhalten uns oft so, als wären unsere Wünsche tatsächlich gut begründete Hochrechnungen. Es wäre schön, wenn unsere Wünsche immer so nah an der Wahrheit wären wie Wahlhochrechnungen.

In jedem Fall müssen wir mit der Wahrheit leben, auch wenn wir sie uns nicht gewünscht haben. Leider entwickeln wir Methoden, wie wir uns selber betrügen.

Da steht eine Frau in der Apotheke auf der Waage. Fragt der Apotheker: »Haben Sie Probleme mit Ihrem Gewicht?« – »Nein, überhaupt nicht, nur nach dieser Tabelle hier bin ich einen halben Meter zu klein.« So kann man es auch sehen.

Wahrheit ist wie Licht, das in der Dunkelheit angeht. Jesus hat gesagt, dass die Reaktion auf das Licht entscheidend ist:

> Das ist aber das Gericht, dass das Licht in die Welt
> gekommen ist, und die Menschen liebten die Finsternis
> mehr als das Licht, denn ihre Werke waren böse.

Johannes 3,19

1. Was ist das für ein Licht?

Meist ist Licht etwas sehr Positives. Wir genießen und nutzen es. Zimmerlampen, Nachttischlampen sind sehr hilfreich, damit wir uns orientieren können und nicht im Dunkeln durch die Wohnung stolpern. Aber wenn wir schlafen wollen, schalten wir die Lampen aus. Helles Licht stört uns beim Schlafen. Helles Licht kann ein schreckliches Foltermittel sein. Gefangene werden dadurch am Schlaf gehindert und zermürbt. Bei Verhören wird ihr Gesicht ausgeleuchtet und jede Zuckung beobachtet. Das tut weh. Dieses Licht ist schrecklich.

Die Scheinwerfer eines Autos können gar nicht stark genug sein. Sie helfen uns, in der Dunkelheit die Fahrbahn und jedes Hindernis rechtzeitig zu erkennen. Aber wenn man von den Scheinwerfern eines entgegenkommenden Autos geblendet wird, ist das lebensgefährlich.

Es kommt also drauf an, was für ein Licht das ist und in welcher Situation wir sind. Blinklichter, Bremslichter, Warnlichter eines Autos helfen in Gefahren. Flutlicht im Fußballstadion ist natürlich toll. Bühnenlicht ist gut für die Zuschauer und auch für die Schauspieler, obwohl sie die Zuschauer dadurch nicht sehen können. Sie selbst wollen aber gesehen werden. Dazu hilft das Bühnenlicht.

Kerzenlicht schafft eine gemütliche Atmosphäre gerade dadurch, dass sehr viel ringsum im Dunkeln bleibt. Im Schummerlicht sieht man das Unaufgeräumte und Unangenehme nicht.

Was für ein Licht ist die Wahrheit Gottes?

In der Weihnachtsgeschichte lesen wir, dass die Hirten in der Nacht auf dem Feld bei Bethlehem erschraken. Sie fürchteten sich sehr, als die Herrlichkeit Gottes bei der Erscheinung der Engel sie umleuchtete.

Paulus stürzt vor Schreck zu Boden, als er mitten am helllichten Tag vor Damaskus das Licht des auferstandenen Jesus erlebt. Jesus stoppt den Paulus bei seiner Verfolgung der Christen. Als er wieder aufsteht, ist er blind. Das gleißende Licht Gottes hat ihn geblendet. Er weiß nichts mehr, wo er doch vorher ganz genau wusste, dass die Sache mit Jesus ein gefährlicher Betrug ist, den man auch mit Gewalt ausrotten muss.

Das Licht Gottes ist also kein gemütliches Kerzenlicht. Die Bibel sagt: »Gott ist Licht.« Jesus sagt: »Ich bin das Licht der Welt.« Dieses Licht ist die Energie, von der alles lebt und durch die alles wächst. Dieses Licht gibt Orientierung. Es vertreibt die Angst, weil es klare Übersicht schafft. Dieses Licht ist die Wahrheit und das Leben.

Aber wenn das Licht im Dunkel unseres Lebens plötzlich angeht, dann ist das eine Lebenskrise.

2. Dann kriegst du die Krise

Jesus sagt: »Das ist das Gericht...«. Im Griechischen steht da *krísis*. Das Wort kennen wir. Wenn wir von der Krise einer Krankheit sprechen, dann meinen wir, dass jetzt der Zeitpunkt der Entscheidung gekommen ist: Entweder wird es besser oder es geht zu Ende.

Wenn das Licht in der Dunkelheit angeht, dann ist die Entscheidung gekommen. Wer etwas zu verbergen hat, für den ist das Licht schrecklich. Er rennt weg. Er versteckt sich wieder in der Dunkelheit.

In dieser Kirche herrscht meist ein gedämpftes Licht. Das ist sehr beruhigend. Aber hoffentlich hilft dieses Schummerlicht nicht, nun auch mit Hilfe der Religion zu verstecken, was Gott ans Licht bringen will.

Schon der Prophet Jeremia beklagt im Auftrag Gottes, dass die Menschen den Tempel in Jerusalem zur Räuberhöhle gemacht haben. In einer Räuberhöhle verstecken die Räuber die Diebesbeute. Die Menschen haben Gott ihr Leben gestohlen. Sie wollen damit machen, was *sie* wollen. Sie fragen nicht danach, was der Eigentümer, was Gott will. Jeremia sagt: »Ihr seid Diebe, Mörder, Ehebrecher und Meineidige... und lauft fremden Göttern nach... Und dann kommt ihr und tretet vor mich in diesem Hause... und sprecht: Wir sind geborgen – und tut weiter solche Gräuel. Haltet ihr denn dies Haus, das nach meinem Namen genannt ist, für eine Räuberhöhle?« (Jeremia 7,9-11) Jesus hat das mit dem gleichen Wort »Räuberhöhle« kritisiert (Matthäus 21,13).

Das Schummerlicht der Religion eignet sich ganz gut, um sich gegen das Licht Gottes zu schützen.

Jesus ist als das Licht in die Welt gekommen. Was jetzt? Das ist die Krise, die Entscheidungssituation unseres Lebens. Sollen wir ins Licht treten oder ins Dunkel flüchten wie die Kellerasseln, die in die Ritzen flüchten, wenn das Licht angeht?

Pilatus begegnet dem Licht der Welt (Johannes 18,28-40). Er weiß genau, dass Jesus nichts Unrechtes getan hat. Jesus sagt es ihm ins Gesicht: »Ich bin ein König. Ich bin dazu geboren und in die Welt gekommen, dass ich die Wahrheit bezeugen soll. Wer aus der Wahrheit ist, der hört meine Stimme.« Pilatus reagiert wie die meisten Menschen. Er zieht sich hinter die skeptische Frage zurück: »Was ist Wahrheit?« Er will sagen: »Man weiß doch gar nicht, was die Wahrheit ist. Jeder hat doch seine eigene Wahrheit. Wahrheiten gibt's nur in der Mehrzahl.«

Das ist wie heute. Wer behauptet, er hätte die Wahrheit, wird lächerlich gemacht und gnadenlos bekämpft: »Wie kann man nur so fundamentalistisch verbohrt und intolerant sein?« Pilatus gibt sich als kluger, toleranter Philosoph.

Die Wahrheit aber ist, dass Pilatus gar kein toleranter Philosoph ist, sondern ein gewissenloser, brutaler und feiger Machttyp. Der geht über Leichen, wenn es seinem Vorteil nutzt. Er versucht sich aus der Verantwortung zu stehlen, indem er das Volk entscheiden lässt – Jesus oder Barabbas, der Räuber. Dann kommt auch noch das alberne Spielchen mit der Waschschüssel. Er wäscht seine Hände in Unschuld. Er war's nicht, der Held.

So werden wir Menschen in der Leidensgeschichte von Jesus entlarvt – nicht nur die Pilatus-Typen. Auch die religiösen Heuchler. Die Fanatiker, die das Recht beugen. Die Volksmenge der Fernsehzuschauer, die gaffen und doch zum Schluss nichts gesehen haben. Die Intellektuellen, deren Bildung sie nicht davor schützt, zu Bestien und zynischen Spöttern zu werden. Auch die Frommen, die Leute aus dem Umkreis von Jesus, die große Versprechen machen und nichts halten.

»Hör zu, mein Sohn«, sagt ein Vater, »ich habe noch nie gelogen. Kannst du das auch von dir behaupten?« – Der Sohn: »Klar! Bloß das grundehrliche Gesicht dabei, das kriege ich noch nicht hin.«

Wir entwickeln Routine beim Weglaufen aus dem Licht Gottes. Wir haben jede Menge Ausreden. Es waren eben die gesellschaftlichen

Zwänge. Alle haben es so gemacht. Man konnte gar nicht anders. Und so schweigen wir möglichst bis ins Grab.

Aber am Ende werden wir alle vor Gott im Licht stehen. Wir werden Gott, dem Richter, Rechenschaft über unser Leben geben müssen, ob uns das passt oder nicht.

Und genau das möchte Jesus uns ersparen. Er sagt:

> »So sehr hat Gott die Welt geliebt, dass er seinen eingeborenen Sohn gab, damit alle, die an ihn glauben, nicht verloren werden, sondern das ewige Leben haben.

Denn Gott hat seinen Sohn nicht in die Welt gesandt, dass er die Welt richte, sondern dass die Welt durch ihn gerettet werde. Wer an ihn glaubt, der wird nicht gerichtet; wer aber nicht glaubt, der ist schon gerichtet, denn er glaubt nicht an den Namen des eingeborenen Sohnes Gottes.« Und dann kommt der Satz, den wir uns heute besonders vorgenommen haben: »Das ist aber das Gericht, dass das Licht in die Welt gekommen ist, und die Menschen liebten die Finsternis mehr als das Licht, denn ihre Werke waren böse.« (Johannes 3,16-19)

Die Wahrheit soll jetzt und hier unser Wunsch werden. Jesus möchte, dass wir uns ins Licht der Wahrheit Gottes trauen. Es ist kein Folterlicht. Jesus deckt auf, um zu vergeben und zu heilen. Das Licht scheint vom Kreuz, an dem Jesus für unsere Schuld stirbt. Der gekreuzigte Jesus will uns beschenken und segnen. Das zeigt uns das Bild des segnenden Christus in dieser Kirche.

3. Wie verwirklichen wir den Wunsch nach Wahrheit?

Werden wir praktisch.

Im Neuen Testament lesen wir: »Gott ist Licht, und in ihm ist keine Finsternis. ... Wenn wir aber im Licht wandeln, wie er im Licht ist, so haben wir Gemeinschaft untereinander, und das Blut Jesu, seines

Sohnes, macht uns rein von aller Sünde. Wenn wir sagen, wir haben keine Sünde, so betrügen wir uns selbst, und die Wahrheit ist nicht in uns. Wenn wir aber unsre Sünden bekennen, so ist er treu und gerecht, dass er uns die Sünden vergibt und reinigt uns von aller Ungerechtigkeit.« (1. Johannes 1,5-9)

Also, nichts mehr beschönigen, erklären und entschuldigen. Eingestehen, vor Gott aussprechen und um Vergebung bitten. Gott Recht geben. Ich habe das Todesurteil verdient. Ich staune, dass der Richter selbst mein Urteil auf sich nimmt – am Kreuz. Ja, ich lasse diesen unglaublichen Tausch zu. Ich nehme an. Ich danke Jesus.

Wir können uns in dieser großen Lebenskrise gegenseitig helfen. Jesus hat schon am Ostersonntagabend seinen Nachfolgern die Vollmacht gegeben: »Nehmt hin den Heiligen Geist! Welchen ihr die Sünden erlasst, denen sind sie erlassen...« (Johannes 20,22-23) Sie können also einen Christen zum Zeugen nehmen und vor Gott und diesem Menschen Ihre Schuld mit Namen bekennen und Gott um Vergebung bitten. Der Zeuge hat die Vollmacht, Ihnen im Auftrag von Jesus dann zu sagen: »Im Namen von Jesus, dir sind deine Sünden vergeben.« Das gilt, weil Jesus am Kreuz für uns gestorben ist und weil Gott ihn auferweckt und bestätigt hat. Das gilt, weil Jesus heute lebt und uns vor Gott dem Vater vertritt. Jesus selbst spricht durch das Wort des Zeugen.

Es tut gut, wenn die Wahrheit unser Wunsch wird. Möglicherweise haben Sie ja schon lange den Wunsch, dass Ihr Leben aus der Lüge in die Wahrheit kommt. Heute haben Sie die Chance, ins Licht der Wahrheit Gottes zu treten. Verkriechen Sie sich nicht wieder ins dunkle Versteck!

Zeig's Gott!

»Zeig's Gott!« Was für eine Geste passt zu diesem Wort? Ich würde zuerst eine zornig erhobene Faust machen.

1. Die zornig erhobene Faust

Die drohend erhobene Faust sagt: »Ich werde es dir zeigen. Ich werde es dir heimzahlen. Ich werde dich meine Rache spüren lassen. Ich werde dir beweisen, was ich kann. Ich werde dir beweisen, dass ich es kann, obwohl du mich in Frage stellst und mich beleidigst, weil du mir das nicht zutraust.«

Eine Frau erzählte mir von der Not ihres Mannes. Wenn er in Zweifel und Probleme gerät, dann will er nicht mehr beten, dann sucht er nicht mehr die Nähe Gottes, sondern schließt sich ab, er schließt sich ein. Er verbarrikadiert sich innerlich und äußerlich. Er ist zornig auf Gott, der all die Schmerzen zugelassen hat. Er will Gott zeigen, dass er auch ohne ihn leben kann. Da sind ziemlich viel Stolz und Selbstgerechtigkeit dabei, die sagen: »Ich werde Gott beweisen, was ich kann. Ich werde beweisen, dass ich die Suppe auslöffeln kann, die ich mir eingebrockt habe.«

Die Faust ist ein Ausdruck des Widerstandes, durch die Härten des Lebens provoziert. Nehmen wir das Beispiel des Hiob, von dem die Bibel berichtet.

Völlig unverschuldet und unverständlich treffen ihn der Verlust seines Besitzes und der Tod seiner Kinder. Trotzdem reagiert Hiob zunächst mit großem Vertrauen zu Gott: »Der HERR hat's gegeben, der HERR hat's genommen: der Name des HERRN sei gelobt!« (Hiob 1,21)

Dann aber trifft es seine Gesundheit. Geschwüre quälen ihn, er sitzt in der Asche und kratzt sich mit einer Scherbe. Und seine Frau sagt zu ihm: »Hältst du noch fest an deiner Frömmigkeit? Sage Gott ab und stirb!« (2,9) Das ist bitter. Ich fürchte, Hiob reagiert nicht wirklich politisch korrekt, und die »Bibel in gerechter Sprache«, die vor Kurzem produziert wurde, hat das sicher längst verbessert. Ich lese das mal mit den Worten der Lutherübersetzung: »Du redest, wie die törichten Weiber reden. Haben wir Gutes empfangen von Gott und sollten das Böse nicht auch annehmen?« (2,10)

Freunde kommen ihn besuchen, sind total ratlos, weinen und »saßen mit ihm auf der Erde sieben Tage und sieben Nächte und redeten nichts mit ihm; denn sie sahen, dass der Schmerz sehr groß war« (2,13).

Dann bricht die Klage aus Hiob heraus und auch die Anklage gegen Gott. Seine Freunde packen ihre ganzen philosophischen und theologischen Weisheiten aus, um ihn einerseits zu trösten, andererseits zurechtzuweisen. Ihre endlosen Reden finden wir im Buch Hiob aufgezeichnet, klug, theologisch korrekt und wirkungslos.

Aber dann redet Gott aus dem Wettersturm zu Hiob. Es sind eigentlich nur Fragen und Herausforderungen. »Wo warst du, als ich die Erde gründete? Sage mir's, wenn du so klug bist!« (38,4) »Wer mit dem Allmächtigen rechtet, kann der ihm etwas vorschreiben? Wer Gott zurechtweist, der antworte!« (40,2)

Nach der ersten Rede antwortet Hiob: »Siehe, ich bin zu gering, was soll ich antworten? Ich will meine Hand auf meinen Mund legen.« (40,4)

Gott redet noch einmal zu ihm. Hiob reagiert:

> »Ich erkenne, dass du alles vermagst ... Darum habe
> ich unweise geredet, was mir zu hoch ist und ich nicht
> verstehe ... Ich hatte von dir nur vom Hörensagen
> vernommen; aber nun hat mein Auge dich gesehen. Darum
> spreche ich mich schuldig und tue Buße in Staub und
> Asche.«
>
> Hiob 42,2-6

Nicht die Erklärungen der Freunde haben ihm den Zugang zu Gott wieder geöffnet. Gott ist zornig über ihre fromm-dreisten Reden. Gott erklärt Hiob auch nicht, warum das mit dem Leid alles so sein muss. Allein die Tatsache, dass Gott redet und nicht schweigt, verändert Hiob. Er ist der Wirklichkeit Gottes begegnet. Das ist stark genug, um mit der schrecklichsten Wirklichkeit zurechtzukommen.

»Ich hatte von dir nur vom Hörensagen vernommen; aber nun hat mein Auge dich gesehen.« Bisher kannte er Gott nur aus der menschlichen Gerüchteküche.

2. Gott aus der Gerüchteküche

Er hatte Information aus zweiter Hand. Was sonst? Wir haben nichts Besseres – Gerüchte, Hörensagen, was man so hört. Daraus entwickeln wir unsere Vorstellungen. Wir erzählen uns gegenseitig Märchen vom lieben Gott, vom höheren Wesen, von der Naturkraft, vom Herrgott.

Tilman Moser hat 1976 sein geradezu hasserfülltes Buch *Gottesvergiftung* geschrieben, eine feindselige Abrechnung mit dem Gottesglauben. – 1999 hat er ein Buch mit dem Titel *Von der Gottesvergiftung zu einem erträglichen Gott* veröffentlicht. Der Atheist gesteht netterweise zu, dass man Gott nicht nur als gnadenlosen Zensor, sondern auch als verständnisvollen Freund erleben könne. Aber Einbildung sei es allemal.

»Das Gottesbild hat sich modernisiert, es ist, zumindest bei den unter 40-Jährigen, antiautoritärer geworden, partnerschaftlicher.« Das konnte man in einer Titelgeschichte von GEO lesen.[14]

Dass wir uns da nur nicht täuschen. Das ist der Gott aus der postmodernen Gerüchteküche – auch nur ein Luftballon, der zerplatzt, wenn er mit dem harten, scharfen Leben zusammenstößt.

Aber viele wissen heute nicht mal etwas von einem Gottesgerücht. Sie haben Gott völlig vergessen. Und wenn der Gedanke an ihn irgendwann auftaucht, dann wird er bekämpft. Er stört. Er darf nicht sein. Sie spüren vielleicht, wie dumm es ist, die Wirklichkeit leugnen zu wollen. Aber sie machen es dann wie Christian Morgensterns Palmström: »... weil – so schließt er messerscharf – nicht sein kann, was nicht sein darf.«

Ich stand vor einem Monat am Ausgang der Gedächtnis-Kirche. Zwei Mädchen kamen aus der Kirche. Dreht sich die eine zur anderen, zeigt mit der Hand zur Gestalt des segnenden Christus über dem Altar und fragt: »Wer iss'n das da?« Halloween-Fratzen und Nikoläuse helfen eben nicht, Gott kennen zu lernen.

Dabei können wir alle Gott kennen. Und nicht nur vom Hörensagen: »Das Wort Gottes wurde Fleisch.« Gott selbst kommt zu uns in dem Menschen Jesus. »Wir sahen seine Herrlichkeit«, sagt Johannes (Johannes 1,14). Das Kind in der Krippe, der gefolterte Mann am Kreuz, Herrlichkeit. Ja, der wirkliche Gott – der löst sich nicht in blauen Dunst auf, wenn die Wunden eitern und die Seele schmerzt.

»Kommt her zu mir, alle, die ihr müde und beladen seid, ich will euch erquicken«, ruft Jesus (Matthäus 11,28). Weil er in der Tiefe der Not ist, führt der Weg zu einer tieferen, echteren Gotteserkenntnis durch die Not. Hiob hat ihn reden hören. Diese Begegnung war so stark, dass er sagen musste: »Ich habe dich, den Unsichtbaren, gesehen.«

In einer kleinen Stadt in Florida trafen meine Frau und ich auf dem Parkplatz vor einer Kirche einen Mann so Mitte Dreißig. Er tat vor dem Gottesdienst ehrenamtlich dort Dienst als Parkplatzeinweiser. Bei der Begrüßung merkten wir schnell, dass er aus Deutschland kam. Er war IT-Unternehmer. Er erzählte uns aus seinem abenteuerlichen Leben: von den Wegen des beruflichen Lebens, von Sorgen, Geld, Arbeitsüberlastung, Druck der Kunden, Sog des Geldes, gescheiterten Beziehungen. Aber dann kam seine entscheidende Erfahrung: »Mir hat in Deutschland niemand gesagt, dass ich zu Gott eine persönliche Beziehung haben kann.« Durch Christen in dieser Kirchengemeinde hatte er davon erfahren. Die luden ihn ein, lasen mit ihm die Bibel, beteten mit ihm. Und nun war er ein ehrenamtlicher Mitarbeiter in dieser Gemeinde und sorgte an diesem Sonntag dafür, dass die vielen Gäste des Gottesdienstes einen Parkplatz fanden und willkommen geheißen wurden. Es lag ihm daran, dass die Menschen Gott nicht nur aus der Gerüchteküche kannten, sondern durch Jesus persönlich kennen lernten.

3. Die offen ausgestreckten Hände

Hiob sagt: »Ich hatte von dir nur vom Hörensagen vernommen; aber nun hat mein Auge dich gesehen. Darum spreche ich mich schuldig und tue Buße in Staub und Asche.« Jetzt reckt er Gott nicht mehr zornig und selbstgerecht die Faust entgegen. Staub und Asche stehen für Vergänglichkeit, Niedrigkeit und Unwürdigkeit vor Gott. Das ist nicht mehr die zornig geballte Faust gegen Gott. Das ist die bittend ausgestreckte Hand: »Ich zeige dir meine Wunden, meine Verletzungen. Ich rede ehrlich mit dir über meine Not, mein Versagen, meine Schuld, meine Ratlosigkeit, meine Gottesfeindschaft, meine Hilflosigkeit und Ausweglosigkeit, auch meine Sehnsucht.«

Vor einer Woche sagte mir eine Frau nach einem Gottesdienst: »Ich konnte in diesem Gottesdienst endlich wieder weinen.« Die Not der Welt hatte sie hart gemacht. Sie hatte sich um Prostituierte gekümmert, sie umarmt, den Schmutz gespürt. Sie sagte mir: »Ich weiß nun, warum Menschen, die sexuell missbraucht werden, sich unaufhörlich waschen müssen.« Sie hatte Hilfe angeboten und Ablehnung erfahren. Sie war darüber hart geworden. Sie hatte sich den Schutzpanzer der Gleichgültigkeit umgelegt. Sie hatte angefangen, Gott Vorwürfe zu machen.

Dann sprachen wir in dem Gottesdienst über den Gott, der uns in Jesus berührt und umarmt. Gott selbst redete durch sein Wort zu ihrem Herzen. Sie hörte den Gott, der sich erniedrigt, der sich nicht zu schade ist, unsere Schuld zu tragen. Da hatte sie plötzlich den Schlüssel zur Erneuerung in der Hand: »Gott widersteht den Hochmütigen, aber den Demütigen gibt er Gnade« (1. Petrus 5,5). Und sie konnte weinen.

Es ist nötig, dass sich der Krampf löst. Martin Luther hat gesagt, wir seien ohne Gott in uns selbst verkrümmt. Nun aber löst sich dieser Krampf und wir öffnen uns zu Gott hin.

Nehmen wir zum Beispiel den Versager und Verräter Simon Petrus. Jesus fragt ihn dreimal: »Hast du mich lieb?« Das tat weh, weil Jesus damit genau die Wunde traf. Dreimal hatte er Jesus verraten, obwohl er Treue bis in den Tod geschworen hatte. Petrus tritt die Flucht nach vorne an. »Herr, du weißt alle Dinge, du weißt, dass ich dich lieb habe« (Johannes 21,17). Da erneuert Jesus die Berufung des Petrus.

Ja, zeig's Gott!

♦ Wie der römische Offizier, der Jesus seine Not mit dem sterbenden Kind bringt.
♦ Wie die Mutter, die mit der kranken Tochter zu Jesus kommt.
♦ Wie die Männer, die ihren gelähmten Freund durchs aufgedeckte Dach Jesus vor die Füße legen.
♦ Wie der Blinde, der seine Not zu Jesus hinschreit und ihn um Erbarmen bittet.
♦ Wie der von satanischen Mächten zerrissene Mann, der sich mit allen seinen Widersprüchen Jesus vor die Füße wirft.
♦ Wie der Terrorist, der am Kreuz sterbend Jesus um Erbarmen bittet.
♦ Wie der Beter von Psalm 139: »Erforsche mich, Gott, und erkenne mein Herz; prüfe mich und erkenne, wie ich's meine. Und sieh, ob ich auf bösem Wege bin, und leite mich auf ewigem Wege.« (V. 23-24)

Ein Mitarbeiter aus der Jugendarbeit berichtete eine nette Geschichte aus seiner Kindheit. Er und sein Bruder spielten leidenschaftlich gern Fußball auf der Wiese im Garten der Familie. Tabuzone war das Rosenbeet. Eines Tages passierte es: Ein rasanter Schuss säbelte einigen Rosen die Köpfe ab. Die cleveren Boys wussten sich zu helfen. Sie holten Tesafilm und bandagierten die Rosenstängel. Alles paletti. Natürlich nur bis zum nächsten Tag. Da konnte jeder sehen, dass die Rosen ihre Köpfe vertrocknet hängen ließen. – Sünde trennt uns vom Saft des Lebens. Da hilft kein Verstecken und Täuschen, damit der Vater es nicht sieht. Im Gegenteil: Zeig's Gott! Er allein kann die Wunde heilen, sodass der Lebenssaft wieder fließt.

Wenn Sie das zum ersten Mal tun, ist das ein tiefer Einschnitt ins Leben, eine radikale Wende von der Gottvergessenheit und Gottesfeindschaft zum Vertrauen zu Gott. Ich lade Sie ein, diesen Schritt zu tun, wenn Gott zu Ihrem Herzen gesprochen hat. Sagen Sie Gott: »Hier komme ich, ich zeig dir meine Gedanken, Absichten, Pläne,

Motive, mein Versagen, meinen Widerstand, meine Schuld, meine Sehnsucht nach Erneuerung.«

Wird in Deutschland schon am Denken gespart?

Kennen Sie die »Tiefkühlreligion«? So nannte ein ZEIT-Autor die Ansichten der Transhumanisten.[15] Sie fordern, dass man den Körper nach Wunsch technisch, genetisch aufrüsten darf, wie jeder sich das wünscht: ein drittes Ohr am Arm implantiert, fünf Arme, das Gehirn aufrüsten... Vor allem aber suchen sie das Mittel gegen das Altern. Transhumanisten haben Angst, dass Technikfeinde die Entwicklung verzögern könnten: »Wenn wir den Prozess nicht beschleunigen, dann sind wir alle tot«, sagt Max More, der Chef-Philosoph des Transhumanismus. Eine amerikanische Firma in Scottsdale, Arizona, bietet für 120000 Dollar die tiefgekühlte Aufbewahrung des Körpers an. Haltbarmachen des Gehirns bis zur Wiederbelebung kostet 50000 Dollar. Seit 2004 sind die Preise inflationsbedingt sicher gestiegen. Auf dem Kongress *Transvision 2004* in Toronto verkündete der Biogerontologe Aubrey de Grey von der Universität Cambridge: »Die Chancen stehen 50 zu 50, dass wir in 25 Jahren das Altern heilen können.«

Ist das die Klugheit, die sich der Psalmist wünscht, wenn er betet:

> »Lehre uns bedenken, dass wir sterben müssen, auf dass wir klug werden.«

> Psalm 90,12

Schauen wir näher hin.

1. Die Verblödung droht

Verständlicherweise versuchen wir, uns das Leben so nett wie möglich zu machen. Alles, was uns den Spaß verdirbt, versuchen wir zu vermeiden. Dazu gehört auch das Sterben. Denn, was man auch immer über den Tod denkt, Spaß macht er nicht. Höchstens dem sadistischen Mörder.

Der Beter von Psalm 90 möchte lernen, an sein Sterben zu denken. Wozu? Damit er klug wird. Wir befürchten, dass wir davon depressiv werden. Manche argwöhnen, dass die Menschen dadurch der Religion in die Fänge getrieben werden. Warum hofft der Beter, klug zu werden, wenn er an den Tod denkt?

Nun, das ist nüchtern betriebswirtschaftlich gedacht: Jedes Unternehmen braucht ein Ziel, um erfolgreich zu sein. Vom Ziel her kann man denken und planen. Nur wenn man sich auf das Ziel ausrichtet, kann man Wichtiges und Unwichtiges unterscheiden. Das Leben ist ein großartiges und schweres Unternehmen. Wir sollten es vom Ziel her leben. Sonst vertun wir unsere Zeit und Kraft mit Albernheiten und verpassen das Leben.

Man kann heute 40 Jahre alt werden, ohne je einen Menschen sterben gesehen zu haben. Dauernd sterben Menschen. Aber das Sterben ist so perfekt ins Abseits wegorganisiert, dass man ihm nicht begegnen muss, wenn man es nicht bewusst will. Wir sind dadurch nicht wirklich glücklicher geworden. Aber wir verblöden. Wir können Wichtiges und Unwichtiges nicht mehr unterscheiden. Wir regen uns über Dinge auf, die angesichts des Sterbens völlig belanglos sind. Zum Beispiel, was die Leute über mich denken. Wir tun, als ginge das Leben immer so weiter. Die Verdrängung des Todes führt zur Verdummung des Menschen.

Karl Lagerfeld, der Modezar, wurde nach Gott gefragt. Seine Antwort: »Es fängt mit mir an. Es hört mit mir auf. Basta.« Das ist Dummheit. Und dahinter lugt die blanke Angst hervor, schon der Gedanken an Gott könnte die Seifenblase der eitlen Selbstdarstellung platzen lassen.

Verblödung kann man auch an den gängigen Slogans und Bezeichnungen für die jetzt bald sterbenden Menschen erkennen: *Forever young, Silver Surfer, Best Agers, Generation Gold* nennt man sie.

Und der Schriftsteller Philip Roth hat in seinem Roman *Jedermann* geschrieben, warum wir das Sterben so lange wie möglich verdrängen: »Das Alter ist ein Massaker.«

2. Wir brauchen einen Lehrer

Warum soll ich mich einer Frage stellen, auf die es keine Antwort gibt? Vielleicht gibt es gar kein Ziel, sondern nur ein Ende. Es ist ein Unterschied, ob ich ein Ziel erreiche oder nur verende.

Psalm 90,12 ist ein Gebet. Der Beter wendet sich an Gott und bittet, dass er ihn lehrt. Er braucht den Schöpfer als Lehrer. Als Autodidakt kann der Beter die Lektion offenbar nicht lernen.

Am Anfang des Psalms lesen wir, warum er sich an Gott wendet: Gott ist sein Zufluchtsort. Psalm 90 ist das Gebet des Mose, des Mannes Gottes. So lautet die Überschrift. Durch Abraham, Isaak, Jakob und Mose hat sich Gott seinem Volk Israel offenbart. Sie dürfen den ewigen Gott kennen. Und weil er ewig ist, hat er die Übersicht. Darum ist er der richtige Lehrer für diese wichtige Lektion. Das ist das Vorrecht des Volkes des Juden.

Aber Gott sei Dank müssen wir nicht dumm bleiben. Gott hat sich in Jesus, dem Messias, der ganzen Welt offenbart. Jesus Christus ist auferstanden. Seit der Auferweckung von Jesus haben wir alle einen kompetenten Ansprechpartner in Sachen Sterben und Leben.

Was können wir in dieser Schule lernen?

3. Die bittere Wahrheit

Das Problem ist nicht das Sterben, sondern die Endgültigkeit und Unwiderruflichkeit, die das Leben durch den Tod erhält. Wir werden vor Gott dem Richter stehen.

Der Psalm 90 redet von Gottes Zorn. »Gottes Zorn und des Menschen Schuld sind die Ursache der Kurzlebigkeit. Der Zorn ist Gottes Antwort, Gottes Reaktion auf die Schuld des Menschen«, sagt der Theologe Hans-Joachim Kraus. Im Sterben erfahren wir, dass unsere Sünde unter dem vernichtenden Nein Gottes steht. »Am Widerstand Gottes gegen unsere Sünde zerbricht unser Leben«, formuliert der Bibelübersetzer Helmut Lamparter. »Der Tod ist der Lohn der Sünde.« (Römer 6,23)

Der Psalmbeter ist erschüttert, dass die Menschen das Ausmaß und die Wucht des Zornes Gottes nicht erkennen. Weisheit fängt aber damit an, dass wir die Wirklichkeit Gottes erkennen: »Der Weisheit Anfang ist die Furcht des Herrn, und den Heiligen erkennen, das ist Verstand.« (Sprüche 9,10)

Ich lese Ihnen nun aus der Bibel Römer 1,18-32 vor:

> Denn Gottes Zorn wird vom Himmel her offenbart
> über alles gottlose Wesen und alle Ungerechtigkeit der
> Menschen, die die Wahrheit durch Ungerechtigkeit
> niederhalten. Denn was man von Gott erkennen kann, ist
> unter ihnen offenbar; denn Gott hat es ihnen offenbart.
> Denn Gottes unsichtbares Wesen, das ist seine ewige Kraft
> und Gottheit, wird seit der Schöpfung der Welt ersehen aus
> seinen Werken, wenn man sie wahrnimmt, sodass sie keine
> Entschuldigung haben. Denn obwohl sie von Gott wussten,
> haben sie ihn nicht als Gott gepriesen noch ihm gedankt,
> sondern sind dem Nichtigen verfallen in ihren Gedanken,
> und ihr unverständiges Herz ist verfinstert. Da sie sich für
> Weise hielten, sind sie zu Narren geworden und haben die
> Herrlichkeit des unvergänglichen Gottes vertauscht mit
> einem Bild gleich dem eines vergänglichen Menschen und
> der Vögel und der vierfüßigen und der kriechenden Tiere.

> Darum hat Gott sie in den Begierden ihrer Herzen
> dahingegeben in die Unreinheit, sodass ihre Leiber durch
> sie selbst geschändet werden, sie, die Gottes Wahrheit in
> Lüge verkehrt und das Geschöpf verehrt und ihm gedient
> haben statt dem Schöpfer, der gelobt ist in Ewigkeit. Amen.

Darum hat sie Gott dahingegeben in schändliche Leidenschaften; denn ihre Frauen haben den natürlichen Verkehr vertauscht mit dem widernatürlichen; desgleichen haben auch die Männer den natürlichen Verkehr mit der Frau verlassen und sind in Begierde zueinander entbrannt und haben Mann mit Mann Schande getrieben und den Lohn ihrer Verirrung, wie es ja sein musste, an sich selbst empfangen.

Und wie sie es für nichts geachtet haben, Gott zu erkennen, hat sie Gott dahingegeben in verkehrten Sinn, sodass sie tun, was nicht recht ist, voll von aller Ungerechtigkeit, Schlechtigkeit, Habgier, Bosheit, voll Neid, Mord, Hader, List, Niedertracht; Zuträger, Verleumder, Gottesverächter, Frevler, hochmütig, prahlerisch, erfinderisch im Bösen, den Eltern ungehorsam, unvernünftig, treulos, lieblos, unbarmherzig. Sie wissen, dass, die solches tun, nach Gottes Recht den Tod verdienen; aber sie tun es nicht allein, sondern haben auch Gefallen an denen, die es tun.

Dem habe ich nichts hinzuzufügen. Nur den letzten Satz sollte ich wegen seiner Aktualität wiederholen: »Sie tun es nicht allein, sondern haben auch Gefallen an denen, die es tun.« Wer so lebt, ist heute besonders populär und beliebt.

Jesus lehrt uns, dass unser Leben einmalig und endgültig ist. Wir werden Gott Rechenschaft geben müssen. Der Maßstab Gottes ist uns durch die Bibel bekannt.

Im Gericht Gottes wird über unsere Ewigkeit mit oder ohne Gott entschieden, auch wenn wir uns das nicht vorstellen können. Es ist überhaupt ein Zeichen der Verdummung, dass wir meinen, die Wirklichkeit würde sich nach unseren Vorstellungen richten.

4. Die rettende Wahrheit

Die bittere Wahrheit können wir nur als Kehrseite der rettenden Wahrheit verstehen und annehmen. Und über die rettende Wahrheit, die uns Gott lehrt, lesen wir in Psalm 90,13-17:

> HERR, kehre dich doch endlich wieder zu uns und sei deinen Knechten gnädig! Fülle uns frühe mit deiner Gnade, so wollen wir rühmen und fröhlich sein unser Leben lang. Erfreue uns nun wieder, nachdem du uns so lange plagest, nachdem wir so lange Unglück leiden. Zeige deinen Knechten deine Werke und deine Herrlichkeit ihren Kindern. Und der Herr, unser Gott, sei uns freundlich und fördere das Werk unsrer Hände bei uns. Ja, das Werk unsrer Hände wollest du fördern!

Und wie bei der bitteren Wahrheit gilt auch hier: Die Wahrheit, die durch Mose für das Volk Israel gilt, bietet Gott durch Jesus Christus allen Völkern – auch uns – an. »Der Tod ist der Lohn der Sünde; die Gabe Gottes aber ist das ewige Leben in Christus Jesus, unserm Herrn« (Römer 6,23). Das heißt: Jesus Christus lehrt uns nicht, wie das ewige Leben möglich ist, sondern er selbst ist das Geschenk des ewigen Leben für uns.

Mitte der 80er Jahre war ich dienstlich in Nairobi. Der ugandische Bischof Festo Kivengere lag zu dieser Zeit im Krankenhaus von Nairobi. Er hatte Blutkrebs und es ging ans Sterben. Er hatte vor dem Diktator und Massenmörder Idi Amin fliehen müssen. Er war weltweit ein Botschafter des Herrn Jesus Christus. Er stand glaubwürdig für Versöhnung und Erneuerung des Lebens jedes Einzelnen und der Gesellschaft. Er hat auch in Deutschland zu Tausenden von Menschen gesprochen. Ich besuchte ihn. Nie werde ich die Stunde an seinem Sterbebett vergessen. Ich bat ihn um ein Wort für die vielen jungen Menschen, die ihn in den 70ern in Deutschland gehört haben. Er musste nicht lange nachdenken. Er richtete sich in seinem Bett auf. Seine großen dunklen Augen leuchteten. »Sag ihnen: Christus ist mein Leben, und Sterben ist mein Gewinn.«

Das ist ein Wort des Paulus, das wir in Philipper 1,23 finden. Als Paulus das schrieb, saß er im Knast und musste mit dem Schlimmsten rechnen. Korrupte Machthaber schienen mit ihm ein grausames Spiel zu spielen. Außerdem machten ihm fragwürdige Figuren aus der christlichen Szene das Leben zusätzlich schwer. Das können Sie alles im ersten Kapitel des Philipperbriefs nachlesen. Paulus schreibt dort (V. 20-24):

> ... wie ich sehnlich warte und hoffe, dass ich in keinem Stück zuschanden werde, sondern dass frei und offen, wie allezeit so auch jetzt, Christus verherrlicht werde an meinem Leibe, es sei durch Leben oder durch Tod. Denn Christus ist mein Leben und Sterben ist mein Gewinn.
>
> Wenn ich aber weiterleben soll im Fleisch, so dient mir das dazu, mehr Frucht zu schaffen; und so weiß ich nicht, was ich wählen soll. Denn es setzt mir beides hart zu: Ich habe Lust, aus der Welt zu scheiden und bei Christus zu sein, was auch viel besser wäre; aber es ist nötiger, im Fleisch zu bleiben um euretwillen.

Hier spüren Sie, was ewiges Leben ist: Alle Sünden meines Lebens sind mit Jesus begraben. Im Gericht des heiligen Gottes darf ich so gerecht dastehen wie Jesus, der Sohn Gottes selber. Darum freue ich mich darauf, ihn von Angesicht zu Angesicht zu sehen. Der Tod hat seinen Schrecken verloren. Er bringt mich nur näher zu Jesus.

Der Philosoph Sören Kierkegaard (1813-1855), der mit 42 Jahren starb, hat den Text auf seinem Grabstein selbst bestimmt:

> Noch eine kurze Frist, dann ist's gewonnen,
> dann ist der ganze Streit in nichts zerronnen,
> dann darf ich laben mich an Lebensbächen
> und ewig, ewiglich mit Jesus sprechen.

Ich lebe jetzt mit Jesus verbunden und orientiere mich an seinen Worten. Er hat gesagt: »Himmel und Erde werden vergehen, aber meine Worte werden nicht vergehen.« (Matthäus 24,35)

Ich bin wie jeder seiner Nachfolger berufen, mit ihm für die Menschen zu arbeiten. Wir alle sollen mit Wort und Tat seine Zeugen in einer gottvergessenen Welt sein oder werden.

Ich lebe im Schutz seiner Liebe. Niemand kann mir etwas tun, was mein Herr nicht zulässt und unter Kontrolle hat. Nie bin ich der Spielball selbstherrlicher Mächte und irrationaler Zufälle.

Mit dieser Gewissheit können wir das Leben klug vom Ziel her leben. Das Hauptziel nennt Paulus: »... dass Christus verherrlicht werde an meinem Leib, es sei durch Leben oder durch Tod«. Jesus Christus soll groß rauskommen. Seine Liebe und Macht sollen sich in allem widerspiegeln und für andere sichtbar werden. Wie er das macht, ist seine Sache. Er kann mein Leben und mein Sterben dazu gebrauchen.

Am 7. Oktober 2007 morgens um 6.30 Uhr fand man die Leiche des 30-jährigen Rami Ayyad in der Nähe des Bibel-Shops in Gaza-Stadt, dessen Geschäftsführer er war. Wunden von Kugeln und Messerstichen zeichneten seinen Körper. Er war am Tag zuvor nach Ladenschluss entführt worden. Er hatte danach seine Familie angerufen, sie über die Entführung informiert und gesagt, er käme an dem Abend spät. Ayyad hinterließ seine im sechsten Monat schwangere Frau Pauline und zwei Kinder im Alter von zwei Jahren und von neun Monaten.

Rami Ayyad war schon vorher verschiedentlich bedroht worden. Sein Laden wurde von Sprengsätzen beschädigt. Er gab nicht auf, auch nicht im Dienst seiner evangelischen Gemeinde, in der er den Jugendclub leitete.

Das Ziel über dem Leben aller Jesus-Nachfolger ist: »... dass Jesus verherrlicht wird an meinem Leib, es sei durch Leben oder durch Tod.« So können wir mit tatkräftiger Zuversicht leben und getrost sterben.

Die Lektion ist nicht leicht. Wir lernen sie nicht als Autodidakten. Wir brauchen den lebendigen Herrn Jesus Christus als unseren Lehrer.

Darum lade ich Sie ein, sein Schüler zu werden und ihm nachzufolgen.

Sie tun nicht, was sie wissen

Können Sie verstehen, dass ich ein mulmiges Gefühl bekomme, wenn jemand nach dem Gottesdienst sagt: »Sie haben schön gepredigt«? Dann komme ich mir vor wie ein Mitarbeiter aus der Abteilung »Religiöse Unterhaltung«. Was war bei Jesus anders, dass die Menschen sich entsetzten? Nach seiner Bergpredigt lesen wir über die Reaktion der Leute: »Und es begab sich, als Jesus diese Rede vollendet hatte, dass sich das Volk entsetzte über seine Lehre; denn er lehrte sie mit Vollmacht und nicht wie ihre Schriftgelehrten.« (Matthäus 7,28-29) Im griechischen Text des Neuen Testamentes steht da: »Sie waren außer sich« – entweder vor Schrecken oder vor Staunen.

Vor etwa 45 Jahren führte das Moskauer Staatstheater das gotteslästerliche Schauspiel »Christus im Frack« auf. Schüler und junge Arbeiter sollten es sehen, damit ihnen das Christentum lächerlich gemacht wurde. Auf der Bühne stand ein Altar mit einem Kreuz aus Wein- und Schnapsflaschen. Der Schauspieler Alexander Rostowzew betrat als Christus die Bühne. Er hatte die ersten zwei Seligpreisungen der Bergpredigt vorzulesen, um dann die Bibel mit dem Ruf wegzuschleudern: »Reicht mir Frack und Zylinder!« Rostowzew las: »Selig sind, die geistlich arm sind, denn ihrer ist das Himmelreich. Selig sind, die da Leid tragen; denn sie sollen getröstet werden.« Statt die Bibel wegzuwerfen, las er weiter: »Selig sind die Sanftmütigen; denn sie werden das Erdreich besitzen.« Dann schwieg er. Nach einer Pause unheimlicher Spannung las er weiter: »Selig sind, die da hungert und dürstet nach der Gerechtigkeit; denn sie sollen satt werden.... Selig seid ihr, wenn euch die Menschen um meinetwillen schmähen und verfolgen und reden allerlei Übles gegen euch, wenn sie damit lügen. Seid fröhlich und getrost; es wird euch im Himmel reichlich belohnt werden. Denn ebenso haben sie verfolgt die Propheten, die vor euch gewesen sind.« – Atemlose Stille, niemand protestierte. Dann brach

Rostowzew in den erschütternden Ruf des Schächers am Kreuz aus: »Jesus, gedenke an mich, wenn du in dein Reich kommst!« Das Stück wurde nie mehr gespielt. Der Starschauspieler verschwand aus der Öffentlichkeit.

Dieser Mann und seine Zuhörer hatten die Macht gespürt, die in den Worten von Jesus steckt.

Lesen wir die letzten Worte der Bergpredigt. Jesus sagt:

> Darum, wer diese meine Rede hört und tut sie, der gleicht einem klugen Mann, der sein Haus auf Fels baute. Als nun ein Platzregen fiel und die Wasser kamen und die Winde wehten und stießen an das Haus, fiel es doch nicht ein; denn es war auf Fels gegründet.
>
> Und wer diese meine Rede hört und tut sie nicht, der gleicht einem törichten Mann, der sein Haus auf Sand baute. Als nun ein Platzregen fiel und die Wasser kamen und die Winde wehten und stießen an das Haus, da fiel es ein, und sein Fall war groß.
>
> Matthäus 7,24–27

Der Schauspieler Rostowzew hatte begriffen, was die größte Katastrophe – der Wolkenbruch, die Sturzflut und Überschwemmung, der Orkan – ist, die unser Lebenshaus zum Einsturz bringt: die Begegnung mit Gott, dem Richter, am Ende unseres Lebens. Es gibt eine Menge Stürme und Überschwemmungen in Form von Lebenskrisen, die unsere Lebensfundamente unterspülen. Aber Jesus redet hier von der letzten Infragestellung unseres Lebens, wenn wir dem Richter begegnen. Dann wird alles als Treibsand weggespült, was nicht aus dem Wort des ewigen Gottes entstanden ist, alles, was wir uns als Sicherheit selber geschaffen haben – Geld, Gesundheit, Einfluss. Die Immobilien werden dann schrecklich mobil.

Jesus sagt: »Darum, wer diese meine Rede hört und tut sie, der gleicht einem klugen Mann, der sein Haus auf Fels baute. ... Und wer diese meine Rede hört und tut sie nicht, der gleicht einem törichten Mann, der sein Haus auf Sand baute.«

Das ist glasklar.

1. Wir haben ein Umsetzungsproblem, kein Wissensproblem

Das ist eine Binsenwahrheit. Es gilt für das politische, aber auch für das persönliche Leben: »Es gibt nichts Gutes, es sei denn, man tut es.«

Eigentlich sollten wir nicht so fett und viel essen, nicht so viel Alkohol trinken, nicht rauchen, uns mehr bewegen, die Luft nicht verschmutzen..., aber wir tun nicht, was wir wissen.

Das Wissen ist kein besonders starker Motor. Es gibt stärkere Antriebe, die uns gegen unser Wissen in eine andere Richtung treiben. Natürlich wissen wir alle, was wir eigentlich tun sollten. Aber leider sind die Verhältnisse nicht so. Die Trägheit ist stärker. Die Menschenfurcht schüchtert uns ein. Die Feigheit terrorisiert uns. Die Gier brennt in uns. Die Geltungssucht beherrscht uns.

In einem wütenden Artikel schrieb vor einigen Jahren der Journalist Fritz J. Raddatz: »Es gilt das gebrochene Wort. Alle reden von Vertrauen und Glaubwürdigkeit. Doch das öffentliche Leben versinkt im Gegenteil. Die Lüge wird zu einem Grundraster der Politik.« Der Ehrliche ist der Dumme. Geiz ist geil. Egoismus ist chic. Ehebruch und homosexuelle Praxis sind gängiger Lebensstil.

Das größte Elend aber besteht darin, dass auch wir Christen zu oft nicht tun, was wir wissen.

In einem Artikel von Nina Hermann über den deutschen Politiker Herbert Wehner in der Zeitschrift »Cicero« (2004) las ich: »Eigentlich wollte der Proletariersohn aus Dresden Musiker werden, so wie der Großvater, der seinen Lieblingsenkel an sieben Instrumenten schulte.

Er singt im Knabenchor der Dresdner Erlöserkirche, dann kommt der November 1918. Nach dem Probesingen im Gemeindehaus nimmt Herbert das Kaiser-Wilhelm-Bild von der Wand und dreht es um. Irgendjemand verpetzt ihn beim Pastor. Der nationalistische Evangelist nutzt die nächste Predigt, um den Zwölfjährigen lautstark an den Pranger zu stellen. Eine unerträgliche Demütigung, so wird es Herbert Wehner noch viel, viel später erzählen. ›Zu einer Empfindsamkeit neige ich von Hause aus.‹ Dem Jungen scheint zu dämmern, dass er die Erlösung der Welt selbst in die Hand nehmen muss. ›Mein Entschluss, ganz links aktiv zu werden, wurde im Grunde aus der Enttäuschung darüber geboren, dass das, was in der Bergpredigt steht, nicht ernsthaft von jenen befolgt wird, die sie von Amts wegen auslegen.‹ Die Bergpredigt, ›sie war mir stets Trost und Stütze‹...« Dietrich Bonhoeffer hat in seinem Buch *Nachfolge* den Finger in die Wunde gelegt. Er zeigt, wie wir mit religiösen Tricks Jesus das Wort im Munde herumdrehen. Wir deuten das klare Gebot Gottes so, dass wir guten Gewissens das Gegenteil tun können. Bonhoeffer veranschaulicht das an einem »pseudotheologisch dressierten Kind«, das wie folgt argumentiert: »Der Vater sagt: Geh ins Bett. Er meint, du bist müde; er will nicht, dass ich müde bin. Ich kann über meine Müdigkeit auch hinwegkommen, indem ich spielen gehe. Also, der Vater sagt zwar: Geh ins Bett!, er meint aber eigentlich: Geh spielen!« So verdrehen wir die Gebote Gottes ins Gegenteil. Wir wissen immer, dass Gott es im Grunde so meint, wie wir es möchten, auch wenn sein Wort klar etwas anderes sagt.

Aber damit ruinieren wir unser Leben. Gott möchte, dass wir leben. Jesus zeigt uns das Geheimnis des Glücks in den Seligpreisungen. Er möchte, dass wir ein Leben führen, zu dem man uns gratulieren kann.

2. Wir haben keinen Grund zur Ausrede

Jesus sagt: »Darum, wer diese meine Rede hört und tut sie, der gleicht einem klugen Mann, der sein Haus auf Fels baute.«

Ich umschreibe mit meinen Worten, was Jesus im ersten Satz der Bergpredigt gesagt hat: »Glückwunsch denen, die vor Gott wie Bettler stehen! Denn ihnen gehört die Herrschaft Gottes. Die gibt es nämlich nur geschenkt.«

In der Mitte der Bergpredigt steht das Vaterunser: »Vergib uns unsere Schuld, wie auch wir vergeben unsern Schuldigern« (Matthäus 6,12). Jesus schenkt sich selbst. Er stirbt für uns. Wir müssen das Urteil des heiligen Gottes über unser verfehltes Leben nicht selber tragen. Jesus hat es am Kreuz für uns getragen. Er schenkt Versöhnung.

Gegen Ende der Bergpredigt sagt Jesus: »Bittet, so wird euch gegeben... Denn wer da bittet, der empfängt.« (Matthäus 6,7-8)

Alle Veränderungen sind sein Werk in uns: »Ihr seid das Licht der Welt«, »Ihr seid das Salz der Erde« – nicht: »Ihr solltet es *eigentlich* sein.« Jesus gibt, was er von uns erwartet. Er schafft in uns, was wir nach seinem Willen tun sollen: die Feindesliebe, die Treue und Vergebungsbereitschaft, die Selbstlosigkeit und Hingabe zum Dienst, das wahrhaftige Reden, die Barmherzigkeit, die nicht als *Social Marketing* zur Selbstdarstellung missbraucht wird.

Also gibt es keinen Grund zur Ausrede. Was hindert uns, seine Geschenke anzunehmen? Wir können uns seinen Geboten nicht mit der Ausrede entziehen, sie seien unerfüllbar.

Titus Müller erzählt in seinem Buch *Vom Glück zu leben* von seiner Wüstenrennmaus Jonathan. Er beschreibt, wie sie durch die Räume flitzen kann. Aber wenn sie eine Zeit im geschlossenen Käfig verbracht hat, ist sie nicht leicht davon zu überzeugen, in die Freiheit zu laufen. Sie kommt nicht raus. Sie hat Angst. Der Chef muss sie packen und raussetzen. Dann dauert es eine halbe Minute und sie flitzt los.

Wir haben uns an das Elend unserer Gefangenschaft gewöhnt. Wir trauen uns nicht in die Freiheit, die Gott uns durch Jesus geschaffen hat. Wir sind keine Wüstenrennmäuse, sondern Menschen, die Gott als seine Partner geschaffen hat. In einer Personenbeziehung geschieht die Kommunikation durch Worte und Antwort, Zuspruch, Vertrauen und Wagnis.

Das Vertrauen entsteht, wenn wir Jesus kennen lernen. Wir lernen ihn durch sein Wort in der Bibel kennen. Bitte, lesen Sie die Bibel!

Immer mehr Menschen wissen gar nicht, was Jesus gesagt hat. Sie tun nichts, weil sie nichts wissen. Nehmen Sie sich bitte zehn, 20 Minuten an jedem Tag. Lesen Sie die Bibel allein und gelegentlich auch zusammen mit anderen.

Aber bleiben Sie nicht bei der Information stehen. Manche haben einen großen Wasserkopf voll Wissen. Aber die Beine sind so klein und schwach, dass sie keinen Schritt gehen können. Die Bibel wird sehr, sehr spannend, wenn wir tun, was wir lesen.

Es gibt lebenswichtige Schritte, die wir allein nicht tun können. Aber sie sind trotzdem nötig. Der Arzt sagte mir: »Die eine Ader zu Ihrem Herzen ist 90 Prozent zu. Das ist Lebensgefahr. Sollen wir die jetzt mit einem Ballon weiten und einen Stent einsetzen?« Ich hätte sagen können: »Das ist viel zu schwierig. Das kann ich nicht.« Es war aber gar nicht die Frage, ob *ich* das kann. Im Gegenteil, es war völlig klar, dass ich das selber nicht kann. Die Frage war: Vertraue ich dem Arzt, dass er diese Operation mit dem Herzkatheter durchführt? Er erklärte mir die Prozedur. Ich stimmte zu. Er hielt mir ein Formular hin, und ich unterschrieb. Dann habe ich auf dem Monitor verfolgt, wie er durch meine Adern fuhr und die »Regenrinne« einsetzte. Das hat mir sehr geholfen. Es war spannend und hilfreich.

Den ersten Vertrauensschritt und den letzten Schritt unseres Lebenslaufes sowie die Tausende von Schritten dazwischen auf dem Lebensweg tun wir im Vertrauen auf sein Wort: »Dir, Herr, will ich vertrauen und folgen; du musst in mir den Gehorsam schaffen, den du haben willst und der mein Leben gelingen lässt.«

Es gibt Leute, die haben mal mutig voll Vertrauen angefangen. Aber im Lauf der Zeit haben sie aus Menschenfurcht, aus Trägheit, Feigheit und Bequemlichkeit den Orientierungsmustern ihrer Umwelt mehr vertraut als dem Wort von Jesus. Sie haben trickreiche religiöse Argumente zur Rechtfertigung ihrer faulen Kompromisse erfunden oder von anderen übernommen.

Jesus will, dass wir festen Boden unter die Füße bekommen. Mehr, er will, dass unser Lebenshaus ein sicheres Fundament bekommt, das auch bei Orkan und Überschwemmung hält. Er will unserem Leben eine Stabilität geben, die auch im Gericht Gottes Bestand hat.

3. Teil: Wegweisungen und Ermutigungen

Das ist geschenkt

Meine Frau sagt, dass ich ein paar alte Platten immer wieder auflege. Das stimmt. Und ich bewundere meine Frau, dass sie mich trotzdem noch liebt. Also, eine Jahrzehnte alte Platte – als ich die mir aneignete, gab es weder CDs noch MP3-Player – ist die folgende: Meine Frau fragt vor irgendeinem Geburtstag von lieben Menschenkindern, die eigentlich schon alles haben: »Was schenken wir denen zum Geburtstag?« – Ich denke zwei Sekunden angestrengt nach und antworte: »Eine silberne Klobürste.« Die Idee kommt bei ihr aber irgendwie nicht an.

Wie kommt es, dass dieses schöne Wort »schenken« oft so verächtlich gebraucht wird? »Das kannst du dir schenken!« oder »Das ist geschenkt!«, das heißt so viel wie: »Das lohnt die Mühe nicht. Das ist vergeblich. Das bringt nichts. Das ist nichts wert.«

Außerdem tun wir uns manchmal schwer, etwas geschenkt zu nehmen. Es steckt uns das Gefühl in den Knochen: »Was nichts kostet, ist nichts wert.«

Man macht auch schlechte Erfahrungen mit Geschenken: Man bekommt was geschenkt, das einem nicht gefällt oder das man wirklich nicht gebrauchen kann. Peinlich. Man möchte es aber nicht so deutlich zeigen, um den Schenkenden nicht zu verletzen.

Am schlimmsten: Man bekommt etwas geschenkt und ist nicht in der Lage, sich bei Gelegenheit zu revanchieren. Das empfinden wir als demütigend.

Am Anfang der Bergpredigt sagt Jesus ein Schlüsselwort, das mit dem Schenken zusammenhängt. Lesen wir:

> Als Jesus aber das Volk sah, ging er auf einen Berg und setzte sich; und seine Jünger traten zu ihm. Und er tat seinen Mund auf, lehrte sie und sprach: Selig sind, die da geistlich arm sind; denn ihrer ist das Himmelreich.
>
> Matthäus 5,1-3

Jesus gratuliert denen, die sich beschenken lassen: »Glücklich sind die!« Glücklich wie Lottogewinner. Fangen wir vorne an: Matthäus 5, Vers 1.

Jesus sieht das Volk, wörtlich »die Mengen«, »die Massen«. Er geht auf eine Anhöhe und setzt sich. Alle können ihn sehen und hören. Seine Studenten sind nah bei ihm. Er spricht zu ihnen. Die anderen hören mit.

Es heißt ein bisschen umständlich: »Er tat den Mund auf.« – »Mach den Mund auf!«, sagt der Lehrer, wenn der Schüler nuschelt und man nichts verstehen kann. Jesus ist vom Verein für deutliche Aussprache. Er nuschelt nicht rum! Das ist zunächst akustisch gemeint, sonst hätten ihn die Massen ohne Verstärkeranlage nicht verstanden. Aber es gilt auch inhaltlich: Er redet Klartext.

»Gratulieren kann man den Armen im Geist!« Gemeint sind nicht die Dummen, so nach dem Motto: »Du hast es gut.« – »Wieso?« – »Du bist blöd und weißt es nicht.«

Jesus redet vom Geist Gottes. »Arm im Geiste Gottes« heißt, vor Gott arm sein, nichts vorzuweisen und anzubieten haben. Arm wie Bettler.

Weshalb gratuliert er denen? Muss man nicht Beileid wünschen? Wer reich und übersättigt ist, findet vielleicht das einfache Leben der Armen romantisch. Denen wird für teures Geld das Abenteuer »14 Tage Armut« angeboten. Und das ZDF dreht einen Dokumentarfilm darüber. Aber Armut ist nicht romantisch, sondern grausam.

Jesus begründet: »Denn ihnen gehört die Königsherrschaft der Himmel.« Die erhält man nämlich geschenkt oder bekommt sie nie.

1. Was gibt's denn da geschenkt?

Was bedeutet »Königsherrschaft der Himmel«? Ist das ein Wolkenkuckucksheim?

Die Juden hatten Sorge, dass sie die Bezeichnung »Gott« missbrauchen könnten. Ein sehr gesundes Empfinden. Deshalb benutzten sie Umschreibungen. Anstatt »Herrschaft Gottes« sagten sie »Herrschaft der Himmel«.

Gott regiert als der Schöpfer und Erhalter der Welt. Seine Herrschaft ist ganz und gar von seiner Heiligkeit, Liebe, Gerechtigkeit, Treue, Fürsorge und Macht bestimmt. Wir kennen Gott, seine Eigenschaften und seine Art zu regieren nur dadurch, dass Gott sich offenbart. Er hat es in seinem Volk Israel getan.

Und er übt seine Herrschaft durch Jesus, seinen Repräsentanten, den Messias, aus. Dieser Regent hat einen überraschenden Regierungsstil. Er macht für seine Bürger die Schwerarbeit. Er wäscht ihnen die dreckigen Füße. Er zieht ihre Sorgen, Krankheiten und Sünden an sich wie ein Magnet die Eisenfeilspäne. Er begegnet ihnen sogar dann noch mit Liebe, als sie in blödsinnigem Eigensinn selber Gott spielen wollen. Er schlägt sie nicht tot. Er lebt ihr Leben und stirbt ihren Tod. Er trägt selbst die Strafe, die sie verdient haben. Er lässt sich von den großmäuligen Möchte-gern-Chefs verspotten und wird von Gott durch die Auferweckung vom Tod als Herr über Leben und Tod bestätigt.

Und was bedeutet es, dass diese Herrschaft Gottes mir gehört?

Ich darf in Gottes Herrschaftsbereich leben. Gott regiert – auch über mich und über die Welt für mich. Er sorgt – auch für mich. Er macht mich zum Bürger seines Reiches mit allen Rechten und Pflichten. Er schützt mich vor Ausbeutung und sonstiger Schädigung. Er überträgt mir Verantwortung für die Gemeinschaft. Er garantiert, dass keine Macht mir etwas anhaben kann, weil Gott stärker ist.

In einer Tageszeitung sah ich in der letzten Woche einen Artikel über die Hauptstadt von Somalia, Mogadischu. Überschrift: »Stadt der Verdammten«. Jeder kämpft gegen jeden. Es gibt keinen Schutz gegen die Gewalt. Die Regierung kann für die Bürger keine halbwegs sicheren Lebensbedingungen schaffen.

In der gleichen Zeitung las ich unter der Überschrift »Betrübt in Berlin« den Bericht über ein Ärztesymposium, das letzte Woche hier stattfand. Es ging um die Frage, ob man in Berlin kränker wird als in anderen Teilen des Landes. Die Zahl der Depressionserkrankungen liegt in Berlin bei knapp sechs Prozent, das ist über die Hälfte mehr als im Rest des Landes. Der Artikel stand in einer Zeitung, die in München erschien.

Das sind unsere Lebensverhältnisse ohne Gottes Herrschaft. Darum gratuliert Jesus denen, die in den Genuss von Gottes Regierung kommen.

Das tut nämlich richtig gut. Glücklich, wer das erlebt: Leben unter Gottes Einfluss als dem Schöpfer und Erhalter, unter seiner väterlichen Fürsorge und seinem Schutz, nach seiner Wegweisung. Immer wieder aufgerichtet von seiner Vergebung. Aber auch herausgefordert zur Mitarbeit. Begabt und beauftragt. Mit einer Zielsetzung über den Tod hinaus. Ja, Gott schenkt uns das Glück des Lebens einschließlich der Tiefe von Leid, Schmerzen, Herausforderungen und Zumutungen.

Der springende Punkt ist: Wir bekommen es geschenkt oder wir werden es nicht haben. So, wie wir leben, passen wir nicht in Gottes Herrschaft. Unsere Lebensweise ist eine Beleidigung der Heiligkeit Gottes. Und wir selbst können das nicht mehr ändern. Was geschehen ist, ist geschehen. Aber hier spricht Jesus, der Herr, in seiner Regierungserklärung, der Bergpredigt. Er ist gekommen, um uns mit Gott zu versöhnen. Er will uns zu Bürgern in Gottes Herrschaftsbereich machen.

2. Warum lassen wir uns nicht einfach beschenken?

Man lässt sich nichts schenken! Obwohl wir erkennen müssten, dass wir uns das Wichtigste im Leben nicht kaufen oder selber produzieren können, zum Beispiel: geliebt zu werden, Vertrauen zu genießen, das Leben überhaupt. Wir werden geboren und bekommen das Leben geschenkt. Unsere Gesundheit, Intelligenz, ein langes Leben in geistiger Frische bekommen wir geschenkt.

Es ist also nur realistisch zu sehen, dass wir alles Wichtige geschenkt bekommen und Gott, dem Geber, verdanken. Warum also störrisch sein?

Trotzdem denken wir: »Wir sind doch keine Bettler.« Ja, die Bettler in Berlin! Die tun einem weh. Oder man gewöhnt sich dran. Haben die das wirklich nötig? Nutzen die das Mitleid der Leute aus? Vielleicht machen die ein ganz gutes Geschäft?

Und wenn man sich nicht nur mit 50 Cent aus der peinlichen Lage befreit, sondern Hilfe anbietet, die die Ursachen angeht? Dann ist das Geschenk nicht immer willkommen. Alkoholentzug. Rehabilitation. Harte Arbeit – »Bringt's nicht. Haben wir schon alles hinter uns«, so heißt es dann.

»Kommen Sie mir nicht mit Gott«, habe ich von Menschen in Not gehört. Sie wussten zwar nicht, wie sie ihre Probleme lösen sollten. Aber sie wussten, dass es mit Gott nichts zu tun hatte. »Gott brauchen wir nicht, nur Geld.« Besserwisserei. Verschlossene Hände. Verachtung für Gottes Geschenk.

Ein Freund berichtete von einer sehr erfolgreichen christlichen Arbeit einer Gemeinde in einem von Drogen, AIDS, Obdachlosigkeit, Prostitution, Gewaltkriminalität zerstörten Stadtbezirk in Chicago. Experten untersuchten die Arbeit und fanden heraus, dass die gute medizinische Hilfe, Drogenreha, Rechtsberatung, Sanierung der Wohnungen, Arbeitsvermittlung, Schuldnerberatung und psychologische Beratung durch die Fachleute der christlichen Gemeinde verbunden waren mit sehr klarer Verkündigung des Evangeliums.

Die Mitarbeiter boten den Menschen neben der fachlichen Hilfe das Evangelium von Jesus an und forderten sie zu einer klaren Entscheidung für Jesus auf. Ein Stadtteil wurde gesund. »Das können wir natürlich nicht machen. Wir müssen ja weltanschaulich neutral sein«, sagten die staatlichen Experten. Die Leiter des Projektes antworteten: »Wenn Sie nur die Hälfte des Problems anpacken, werden Sie in der Regel nicht einmal eine halbe Lösung erreichen.«

Diese ablehnende Haltung gegenüber Gottes Wort ist bei uns gang und gäbe, leider auch in sozialen Einrichtungen in kirchlicher Trägerschaft. Gott halten viele offensichtlich nur für nebensächliche Dekoration, jedenfalls nicht wirklich nötig zur Lösung der menschlichen und sozialen Probleme. Diese Fehldiagnose kommt die Menschen teuer zu stehen. Unsere zerstörte Gottesbeziehung ist mindestens die Hälfte des Problems, an dem wir kranken.

Bei vielen ist es nicht die verbohrte Besserwisserei, die sie hindert, Gottes Gabe anzunehmen. Es ist die tiefe Scham der Armen. Viele Arme in dieser Stadt stehen nicht an den S-Bahnhöfen. Es heißt, dass besonders viele allein erziehende Mütter von drückender Armut betroffen sind. Sie schämen sich, über ihre Not zu sprechen, und werden nicht bemerkt. Die gehören nicht zu den Absahnern.

Eine solche Scham, die eigene Armut und Bedürftigkeit einzugestehen, blockiert auch viele Menschen, die Hilfe Gottes anzunehmen. Sie fühlen sich klein gemacht, erniedrigt, wenn sie auf Gnade angewiesen sind.

Bitte, sehen Sie doch: Gott schenkt von unten, nicht gönnerhaft von oben. Er lässt sich bespucken und schlagen. Er liegt blutend im Schmutz der Straße von Jerusalem, als sie ihn zur Hinrichtung treiben. Erniedrigt. Aus der Tiefe von Leiden und Sterben reicht er uns das Geschenk der Vergebung der Schuld, macht uns zu Kindern Gottes, zu Bürgern in Gottes Herrschaft – mit allen Rechten und Pflichten.

Jeder kann das empfangen, weil es ein Geschenk ist. Aber nur als Geschenk werden wir es bekommen.

3. Vier gute Gründe zum Gratulieren

Jesus gratuliert den Armen vor Gott. Hoffentlich gilt der Glückwunsch uns! Er gratuliert,

♦ ... weil wir geschenkt bekommen, was wir uns nicht selber machen und nicht kaufen können.
♦ ... weil wir geschenkt bekommen, was sehr teuer ist. Jesus kann
das sagen. Er hat den Preis gezahlt:»Ihr wisst, dass ihr nicht mit
vergänglichem Silber oder Gold erlöst seid von eurem nichtigen
Wandel nach der Väter Weise, sondern mit dem teuren Blut
Christi...« (1. Petrus 1,18-19)
♦ ... weil wir dadurch ganz gewiss sein können, dass wir zu Gott
gehören. Was wir selber machen und erhalten müssen, können
wir nie garantieren. Gott, der Geber des Geschenkes, ist absolut
zuverlässig. Nicht einmal der Tod kann sein Wort und Werk in
Frage stellen. Geschenkt ist geschenkt.
♦ ... weil dadurch für uns Entschiedenheit und Eindeutigkeit
möglich sind.

Ich habe mit Interesse gelesen, dass Berlin-Mitte die Brutstätte einer bestimmten Lebenseinstellung der Menschen zwischen 20 und
30 Jahren ist. Spöttisch wird sie die »Neue Eigentlichkeit« genannt.
»Sie sagen sehr oft ›eigentlich‹ und meinen damit das, was sie nicht
sind. ›Eigentlich sollten wir erwachsen werden‹, so lautete... der Slo-
gan, mit dem die Zeitschrift ›Neon‹ für sich warb.«

Sie haben ihr Symbolgetränk, das »Entscheidungsvermeidungsgetränk« – Latte Macchiato – »viel Milch und trotzdem eigentlich recht
starker Espresso«. Sie wollen eigentlich alles Mögliche, aber tatsächlich können sie sich für nichts wirklich entscheiden. Sie richten sich
in einem schwebenden Zwischenzustand ein und sind mit Dreißig
vergreist.

Die Spezialausgabe der eigentlich schon vor zehn Jahren gestor-
benen Zeitschrift »Tempo« stellt die etwas spöttische Beschreibung
dieser Unentschiedenen unter das Wort »Eure Rede sei ja, ja, nein,
nein. Alles andere ist vom Übel«. Das ist Wahrheit Nr. 14 von 33
Wahrheiten, die in dieser Hochglanzjubiläumsausgabe rausposaunt

werden. Leider ohne anzugeben, dass dieses Wort – wenn auch nicht genau zitiert – von Jesus stammt (Matthäus 5,37).

Weil Jesus uns beschenken will und darum nichts unsicher ist, lade ich Alte und Junge, die eigentlich ihr Leben längst schon auf einen neuen Kurs bringen wollten, aber immer von guten Vorsätzen besoffen wieder ins alte Leben getorkelt sind, ein, dieses Geschenk heute endlich anzunehmen. Schafft Eindeutigkeit in eurem Leben.

Es ist geschenkt.

Hier ist der Himmel auf Erden

> Er kam in sein Eigentum; und die Seinen nahmen ihn nicht auf. Wie viele ihn aber aufnahmen, denen gab er Macht, Gottes Kinder zu werden, denen, die an seinen Namen glauben.
> Johannes 1,11–12

Finden Sie nicht auch, es tut mal richtig gut, sich über die Schlechtigkeit mancher Menschen zu entrüsten? Zum Beispiel über diesen Hotelier in Bethlehem.

Alles belegt. Das kommt vor. Besonders in der Hochsaison. Wer dann kurzfristig ein Hotelzimmer braucht, kann Probleme bekommen. Bei allem Verständnis für die junge Frau. Sie war hochschwanger. Es konnte jeden Augenblick losgehen. Aber was sollte der Inhaber der kleinen Pension in Bethlehem denn tun? Die Volkszählungsaktion der römischen Behörden trieb die Menschen in Massen durchs Land. Das Beherbergungswesen war total überfordert.

Wenn ein reicher Promi ein Zimmer gebraucht hätte, wäre dem Hotelier sicher noch was eingefallen. Aber diese Sorte Kunden stieg sowieso nicht bei ihm ab. Dafür fehlten seiner Hütte vier Sterne. Hier kam ein Promi, der mit diesem bescheidenen Ein-Stern-Hotel zufrieden gewesen wäre. Peinlich für den Hotelier, dass er den Promi nicht erkannt hat. Der Wirt konnte ja nicht ahnen, dass man ihn deswegen noch nach 2000 Jahren vorwurfsvoll erwähnen würde.

Und so wurde der Hotelier, dessen Namen wir nicht kennen, peinlicherweise zum Modell für viele, viele Menschen, die in ihrem Leben auch heute keinen Platz für Gott haben. Der Himmel kommt auf die Erde, aber er findet keinen Platz.

Der Apostel Johannes hat in der Einleitung seines Evangeliums den traurigen Sachverhalt beschrieben: »Er – Gott ist gemeint, der in Jesus Mensch geworden ist – kam in sein Eigentum; und die Seinen nahmen ihn nicht auf« (Johannes 1,11). Der eigentliche Skandal liegt also darin, dass Gott zu Hause rausfliegt, beziehungsweise gar nicht erst reingelassen wird. Da beginnt allerdings schon der Weihnachtsstreit.

1. Der Weihnachtsstreit

Ich meine jetzt nicht den Streit, der in vielen Familien gerade dann ausbricht, wenn man krampfhaft das Fest der Harmonie feiern will. Es soll der Himmel auf Erden werden, aber es gerät zu einem höllischen Familienkrach.

Der noch viel schlimmere Streit ist der um die Eigentumsrechte an unserem Leib und Leben.

Wem gehört unser Leben? In der Neuzeit herrscht die Überzeugung, dass jeder Mensch sein eigenes Leben selbst bestimmen soll. Wir sind emanzipiert, und das bedeutet: aus der Hand einer bevormundenden Macht herausgenommen, um uns selbst zu bestimmen. Wir betrachten uns als Eigentümer unseres Lebens. Nicht dass wir gegen Gott wären. Wir sind je nach Seelenlage bereit, ihn mehr oder weniger zu berücksichtigen. Die Bibel aber konfrontiert uns mit dem Eigentumsanspruch des Schöpfers und Erhalters der ganzen Welt, also auch unseres Lebens.

Ist dieser Anspruch berechtigt?

Die Begründung in Johannes 1,10 lautet: »... die Welt ist durch ihn gemacht.« Ja, hören Sie mal das Geschrei in den TV-Sendungen und die bösen Sätze in den Feuilletons der Zeitungen, dass ein paar verbohrte Christen im Ernst glauben, die Welt sei von Gott geschaffen worden, und es wagen, das zu schreiben oder gar in einer Schule ins Gespräch zu bringen. Die Kritiker meinen sicher, wir Christen würden am Sonntag vor dem Gottesdienst das Hirn ausschalten, um dann gedankenlos zu sagen: »Ich glaube an Gott, den Schöpfer...«

Der Eigentumsanspruch Gottes auf die Welt wird bestritten.

Sind Zweifel nicht wirklich angebracht? Müsste Gott nicht ganz andere Mittel zur Durchsetzung seines Eigentümerrechtes haben? Ist er aufs Bitten angewiesen? Das ist doch nicht vorstellbar. Nein, es ist nicht vorstellbar. Überhaupt ist der wahre Gott nicht vorstellbar. Vorstellbar sind nur unsere selbst produzierten Gottesvorstellungen. Die haben allerdings den Nachteil, dass sie nur unsere Wunschvorstellungen und Hirngespinste sind und leider nichts mit der Wirklichkeit zu tun haben.

Der lebendige Gott stellt sich uns auf unvorstellbare Weise vor. Als Baby findet er im Fresstrog vom Vieh in einem Verschlag seinen ersten Platz. Dann wird er zum Flüchtlingskind in Afrika – ausgerechnet in Afrika, wo auch heute Millionen auf der Flucht sind. Die bescheidene normale Existenz eines Handwerkerjungen endet später in einem Schauprozess, in Folter und brutaler Hinrichtung. Diesen geschundenen Jesus weckt Gott aus dem Tode auf und bestätigt damit:

> »So sehr hat Gott die Welt geliebt, dass er seinen eingeborenen Sohn gab, damit alle, die an ihn glauben, nicht verloren gehen, sondern das ewige Leben haben.«
>
> (Johannes 3,16)

Wir sind verdorben. Wir sind daran gewöhnt, dass ernst zu nehmende Ansprüche mit brutaler Gewalt durchgesetzt werden müssen. Sonst respektieren wir sie nicht. Wir beschweren uns zwar über die Brutalität dieser Welt, aber wenn Gott es in Liebe versucht, finden wir das weltfremd und lächerlich. Trotzdem passt Gott sich nicht unseren verdorbenen Vorstellungen an. Nur Liebe rettet und baut auf.

Ich traf einen ziemlich erfolgreichen Geschäftsmann. Er erzählte mir seinen Werdegang und dass es ihm beruflich und familiär richtig gut gehe. Dann kam es plötzlich: »Aber ich wundere mich, dass ich Angst habe, dass das nicht einfach so weitergeht.« Ich fragte ihn, ob er Gott schon mal für sein Glück und seinen Erfolg gedankt habe? »Wieso?«, fragte er erstaunt. Er habe das doch alles selber geschafft. – Ich habe ihn darauf hingewiesen, dass er nicht fünf Minuten garantieren könne, dass er seinen Namen noch wisse und aussprechen könne. Es gehört doch nicht viel Verstand dazu, um einzusehen, dass niemand sich selber geschaffen hat und dass die Voraussetzungen für Leistungen nicht von uns selber produziert und garantiert werden. Vielleicht wäre seine Einstellung zu den Gaben anders, wenn er den Geber der Gabe nicht vergessen würde. Der liefert auch Grund zum Vertrauen im Blick auf die Zukunft. Er hat in der Vergangenheit durchgeholfen, er beschenkt in der Gegenwart. Ihm kann man für die Zukunft vertrauen. Dieses Vertrauen schafft Dankbarkeit und schützt gegen die Angst. Wer selbst Gott spielen will, der überfordert sich.

Die Eigentumsrechte an unserem Leben müssen geklärt werden.

In manchen Städten kann man auf historischen Marktplätzen und Straßenzügen der Altstadt zwischen wunderschön erneuerten Häusern verfallene Fassaden und Bauten sehen. Die Auskunft darüber, warum die so aussehen, lautet nicht selten: »Ungeklärte Eigentumsverhältnisse.« Da wird also nichts investiert, weil um die Eigentumsrechte gestritten wird.

Offen gesagt, vielen Menschen sieht man es an, dass sie dem Eigentümer, dem Schöpfer, das Eigentumsrecht streitig machen. Er würde so gern für eine Grunderneuerung investieren. Aber die Wurschtelei in der Bruchbude geht unter angemaßtem Eigentumsrecht weiter.

Es gibt sogar Christen und christliche Gemeinden, die haben den Eigentümer vor die Tür gesetzt. In der Offenbarung des Johannes lesen wir in einem Brief, den Jesus dem Johannes für die Christengemeinde in Laodizea diktierte: »Siehe, ich stehe vor der Tür und klopfe an. Wenn jemand meine Stimme hören wird und die Tür auftun, zu dem werde ich hineingehen und das Abendmahl mit ihm halten und er mit mir.« (Offenbarung 3,20)

Wie wird der Weihnachtsstreit bei Ihnen ausgehen?

Nun lesen wir aber, dass die dunkle Feststellung – »die Seinen nahmen ihn nicht auf« – nicht das letzte Wort in dieser Sache ist. Es geht weiter: »Wie viele ihn aber aufnahmen, denen gab er Macht, Gottes Kinder zu werden.« Der Reformator Johannes Calvin aus Genf hat in seiner Auslegung dieses Bibeltextes von dem »unglaublichen Umschwung« geschrieben. Davon müssen wir jetzt auch reden.

2. Der unglaubliche Umschwung

Ist Macht nötig, um ein Kind Gottes zu werden? Die Bibel sagt jedenfalls, dass wir nicht von Natur aus Gottes Kinder sind, so wie es die Europäer von den griechischen Philosophen gelernt haben. Die meinten ja, wir hätten alle irgendwie einen göttlichen Funken in uns und wären deshalb alle Kinder der Gottheiten.

Die Bibel stellt trennscharf fest, dass wir zwar alle Gottes Geschöpfe sind, aber weil wir ihm das Eigentumsrecht an unserem Leben streitig machen, sind wir Rebellen und Feinde Gottes. Gottes Ziel aber ist es, uns zu seinen Kindern zu machen.

Wie beschreibt die Bibel diesen Vorgang? Kind Gottes wird man durch einen Kraftakt Gottes. Der passiert, wenn wir Jesus aufnehmen und seinem Namen vertrauen. Dann sind wir von Gott geboren, heißt es in Johannes 1,13.

Wie entstehen Kinder? Das war die Frage, der sich auch drei kleine Jungen stellten, ein Franzose, ein Deutscher und ein Schweizer. Der

Franzose meinte, das müsse irgendwie mit Erotik zusammenhängen. Der Deutsche bestand darauf, dass in Deutschland der Storch für die Anlieferung zuständig sei. Der Schweizer meinte dazu: Also, so genau wisse er das auch nicht, aber in der Schweiz wäre das wahrscheinlich sowieso von Kanton zu Kanton verschieden.

In der Zeit von Retortenbabys, Spermienbanken und Leihmüttern herrscht in dieser Frage einige Verwirrung. Jedenfalls macht unser Bibelwort uns drastisch deutlich, dass Kinder Gottes keine menschliche Erzeugung sind: »... die nicht aus dem Blut noch aus dem Willen des Fleisches noch aus dem Willen eines Mannes, sondern von Gott geboren sind« (Johannes 1,13). Dreifach versichert: nicht aus menschlichem Vermögen! Also, man kann Gotteskindschaft nicht anerziehen, nicht vererben, nicht antrainieren.

Und weil viele – besonders zur Weihnachtszeit – meinen, man könnte alles kaufen, muss klargestellt werden: Wir können uns die Gotteskindschaft auch nicht kaufen.

Ein Krafttakt, ein Schöpfungsakt Gottes ist nötig. Gott kommt in die Welt. Er schaut nicht nur mal vorbei, wie es uns geht. Er zieht sich unser Leben an. Er tauscht die Rollen. Der Sohn, an dem Gott Gefallen hat, übernimmt das Geschick des Rebellen gegen Gott. Er trägt die Konsequenzen unserer Gottvergessenheit und Gottesfeindschaft. Am Kreuz trägt er den Fluch der Gottverlassenheit: Gott selbst an unserer Stelle. Schon Weihnachten in der Krippe setzt Gott ganz tief unten an. Und Ostern in der Auferweckung bestätigt Gott den Gekreuzigten.

Er setzt sein Recht nicht gegen uns durch, sondern zu unseren Gunsten. Gottes Kraftakt ist zugleich ein verbindlicher Rechtsakt. Gott macht uns aus feindlichen Rebellen, die Gottes Eigentumsrecht bestreiten, zu Kindern und damit zu Miteigentümern. Diese Welt und unser Leben gehören dem Vater, dessen Kinder wir sind. Damit wird die Welt zum Familieneigentum.

Und am Anfang dieses gewaltigen Werkes steht eine glasklare Demonstration. Der wohl größte Theologe des 20. Jahrhunderts, Karl

Barth, hat die Geburt von Jesus durch die Jungfrau Maria ein »notwendiges Zeichen« genannt. Ärgerlich, anstößig für unser Denken und genau so offensichtlich von Gott beabsichtigt: Gott kommt in Jesus zu unserer Rettung in die Welt. Aber dabei spielt der Mensch als Erzeuger keine Rolle, nur als Empfänger. Maria ist das Supermodell des Empfangens, des Glaubens. Und Josef ist im juristischen Sinne ebenfalls der Empfänger. *Nur* der Empfänger? Was kann man mehr sein als der Empfänger des Weihnachtsgeschenkes Gottes? Gott schenkt sich in Jesus selbst.

Damit ein für allemal klar ist: Der große Umschwung, die Verwandlung der Feinde in Kinder ist wie unser Geborenwerden ein Geschenk. Wir machen es nicht selber, es geschieht uns, wir empfangen das Leben und sind natürlich quicklebendig bei der Geburt dabei.

Damit sind alle unsere Ausreden außer Kraft gesetzt. Schluss mit dem Gerede: »Ich kann nicht.« Schluss auch mit dem Gerede: »Wenn Gott doch alles tut, dann kann ich ja sowieso nichts tun. Man muss es wie ein Schicksal hinnehmen.«

Nein, Gott selbst macht sich uns zum Geschenk. Seine Allmacht wirkt nicht wie eine Fliegenklatsche, die die Fliege als Dreckfleck an der Wand zerquetscht hinterlässt. Gott wirkt als der Schöpfer des Lebens. Wo er wirkt, entsteht Leben. Er weckt die Toten auf, damit sie ihm antworten, danken und vertrauen können. Sogar dem Lazarus, der in seinem Grab verwest, ruft er zu: »Lazarus, komm heraus!« Wenn Jesus ruft, kann selbst der Tote, der in sich keine Entscheidungs- und Bewegungsfreiheit hat, kommen.

Kann sein, dass Ihnen das alles fremd vorkommt. Dann sind Sie nicht der Erste, dem es so geht. Der Himmel auf der Erde – das ist uns fremd. Die Hirten in Bethlehem, denen die Engel in der Nacht der Geburt von Jesus bei ihrer Nachtschicht erschienen, fürchteten sich sehr, obwohl sie normalerweise nicht besonders ängstlich waren. So viel Licht war ihnen sehr fremd in ihrer Nacht. Da müssen die Boten Gottes ihnen sagen: »Fürchtet euch nicht! Augen auf, wir verkünden euch große Freude, die allem Volk widerfahren soll. Denn euch ist heute der Retter geboren.«

Manches kann einem in der Kirche schon fremd vorkommen. Man hört, dass einige Zeitgenossen meinen, Halleluja hieße eigentlich »Hallo, Julia«. Aus England erzählt man sich, dass ein Kind mit der alten Formulierung eines Satzes im Vaterunser-Gebet Verstehens-schwierigkeiten hatte: »Forgive us our trespasses.« *Trespasses* – das ist ein altes Wort für Sünden, für die Übertretung der Gebote Gottes. Weil das Kind mit dem Wort nichts anfangen konnte, betete es statt-dessen »Forgive us our Christmasses«, was ja ganz ähnlich wie »tres-passes« klingt: »Vergib uns unsere Weihnachten.«

Vielleicht fängt der große, unglaubliche Umschwung in Ihrem Le-ben damit an, dass Sie beten wie dieses Kind: »Vergib mir, dass ich dein Menschwerden zu Weihnachten überhaupt nicht angenommen habe.«

Ich habe einmal auf erschütternde Weise die neue Geburt von zwei erwachsenen Menschen miterlebt. Sie waren zwar verheiratet, aber ihre Scheidung lief bereits bei Gericht. Ohne dass sie voneinander wussten, waren sie durch Einladungen von verschiedenen Bekannten in einen ähnlichen Gottesdienst wie den unseren hier geraten. Ähn-lich, weil dort auch zum Schluss eine Einladung ausgesprochen wur-de, wie ich sie Ihnen gleich anbiete. Das Wort Gottes bewegte die beiden in ihrer Bitterkeit und Not so sehr, dass sie sich Jesus Christus öffneten. Sie waren überwältigt von dem Wunder, dass es Vergebung der Schuld gibt. Sie dachten an das eigene Versagen und nicht mehr an das des anderen. Als sie mit einem Dankgebet die Vergebung der Schuld annahmen, wuchs plötzlich eine Bereitschaft, auch dem anderen zu vergeben. Ich war als Seelsorger Zeuge der doppelten Versöhnung: Beide wurden mit Gott versöhnt und versöhnten sich miteinander. Ein unglaublicher Umschwung. »Wie viele ihn aber auf-nahmen, denen gab er Macht, Gottes Kinder zu werden.«

Sie haben sicher von Zé Roberto, dem brasilianischen Fußballspieler, gehört – er war lange bei Bayern München. Er ist in den Slums von São Paulo mit fünf Geschwistern in bitterster Armut aufgewachsen. Als der Junge zehn Jahre alt war, verließ der Vater die Familie. Ein Schock für den Jungen. Die Mutter hatte große Mühe, die Familie zu versorgen. Der Junge begann zu klauen. Zwei seiner Freunde gerieten in die Drogenszene und wurden von der Polizei erschossen. Seine Mutter ging nach langer Zeit mal in eine Kirche, um sich für einen Moment zu besinnen. Als sie nach Hause kam, schien sie irgendwie verändert zu sein. Sie erzählte von einer Begegnung mit Gott, die sie dort gemacht hatte.

Zé Roberto selbst berichtet: »Sie sprach von Gottes Liebe für uns und dass wir jetzt alle auf Jesus vertrauen sollten. Natürlich haben wir das damals nicht so ganz begriffen. Von diesem Zeitpunkt an beobachtete ich sie sehr genau. In den folgenden Tagen konnte ich sehen, wie der Glaube an Jesus ihr Leben wirklich veränderte. Sie wurde viel ruhiger und gelassener, und der Glaube schien ihr Kraft zu geben. Es wirkte beinahe, als ob irgendjemand auf unsere Familie aufpassen würde, denn einige Dinge liefen von nun an besser für uns. Wenn ich anfangs auch sehr skeptisch war, bin ich, je mehr ich sah, wie glücklich meine Mutter auf einmal war, sehr neugierig geworden, was es denn mit diesem Jesus auf sich hat. Bis zu diesem Moment hatte ich mit Gott nie etwas am Hut gehabt. Also fing ich dann eines Tages einfach damit an, in der Bibel zu lesen. Ich habe darin entdeckt, dass Gott nicht nur unser Vater sein will – der Vater, den ich nicht hatte –, sondern dass er etwas Besonderes mit meinem Leben vorhat. Mir wurde klar, dass ich bei Gott Kind sein darf und er als liebender Vater immer für mich da ist. Er möchte nicht, dass ich irgendwelche Formeln zu ihm spreche, sondern ich kann ihm einfach alles erzählen, was ich auf dem Herzen habe, wie einem besten Freund. ... So habe ich also angefangen, mit Gott zu reden, nicht nur, wenn es mir schlecht ging, sondern auch in guten Zeiten, um ihm für so viel Schönes im Leben zu danken. ... Das Wichtigste im Glauben ist, dass man sich von Gott geliebt weiß, so wie man ist.«

»Wie viele ihn aber aufnahmen, denen gab er Macht, Gottes Kinder zu werden.«

Gibt es ein Navi fürs Leben?

Jesus Christus spricht:

> »Himmel und Erde werden vergehen; aber meine Worte werden nicht vergehen.«

Matthäus 24,35

Früher verlief das Leben auf Gleisen, die andere vorher gelegt hatten. Heute haben wir schier unendliche Wahlmöglichkeiten und müssen sehen, wie wir durchkommen. Und nach Berlin kommen viele, um alle einschränkenden Vorgaben loszuwerden. Hier gibt es in der Anonymität keine unerwünschte Kontrolle durch andere. Es gibt allerdings auch keine schützende Achtsamkeit anderer, die man sich manchmal wünscht.

Eigentlich wollten wir ja keine Bevormundung und Steuerung mehr von außen. Ich höre noch die stolze Behauptung, die »Tugend der Orientierungslosigkeit« sei geradezu die Voraussetzung, um das Leben am Anfang des dritten Jahrtausends zu bewältigen. Jeder sei der Architekt des Projektes des eigenen guten Lebens. Jeder müsse selber wissen, was gut für ihn sei.

Nun lese ich z.B. bei Florian Illies, dem Propheten der Generation Golf – der um 1970 Geborenen –, dass sie sich eigentlich so was wie ein Navi fürs Leben wünschen, das es bedauerlicherweise aber nicht gebe. Du kannst nur googeln. Bei Suchbegriffen wie »Glück«, »Zufriedenheit« oder »Erfüllung« gibt es dann nicht einen, sondern 400 000 Treffer. Was aber ist der Weg, der zum Ziel führt? Er stellt fest: »We are still confused, but on a higher level.«[17] Wir sind immer noch verwirrt, aber auf höherem Niveau.

Gibt es nicht doch ein Navi fürs Leben?

Erfunden wurde das *GPS* – das *Global Positioning System* – für militärische Zwecke, um im Krieg Vorteile zu haben. Heute nutzen wir es auch zur Orientierung beim Autofahren und beim Wandern. Es ist ein komplexes System: Man braucht die Hardware – so ein Gerät also – und die Software, eine CD mit digitalisierter Landkarte, und vor allem Satelliten außerhalb von uns, die die Erde umkreisen. Ohne die haben die Geräte gar keinen Wert. Außerdem muss man das System auch noch aktivieren, also einschalten und ein Ziel eingeben.

Jesus wurde von seinen Schülern gefragt, wie das mit der Weltgeschichte und der Lebensgeschichte der Menschen laufen würde. Kann man das wissen? Das Problem kann kein Navi lösen: Die Wege der Zukunft sind leider auf keiner Landkarte verzeichnet. Sie sind zum größten Teil nicht einmal geplant. Wie soll man sich da zurechtfinden?

Aber Jesus tritt mit einem einzigartigen Anspruch auf: Er ist der Weltrichter. Das ist die Bedeutung des biblischen Titels »Menschensohn«, den Jesus für sich in Anspruch nimmt. An ihm wird sich die Weltgeschichte entscheiden. Als er das sagte, hielten das viele vernünftige Zeitgenossen nicht nur für Wahnsinn, sondern für Gotteslästerung. Schließlich haben sie ihn deshalb zum Tode verurteilt. Einige haben ihm geglaubt, obwohl sie nicht wirklich verstehen und ermessen konnten, was er sagte. Die Entscheidung über seinen Anspruch aber fällte Gott, als er Jesus nach der Kreuzigung auferweckte. Damit erklärte Gott Jesus zur Schlüsselfigur. Seine Worte geben Orientierung in der Unübersichtlichkeit.

Im Matthäusevangelium, Kapitel 24 gibt Jesus uns Einblicke in die turbulenten Entwicklungen der Welt bis zum Ziel der Geschichte. Da gibt es den roten Faden der Herrschaft Gottes, die garantiert zum Ziel führt. Das Evangelium wird allen Völkern verkündet. Jesus wird als der Weltrichter kommen. Er wird den neuen Himmel und die neue Erde schaffen. Aber bis dahin wird es auch Zerstörung durch Kriege und Katastrophen geben. Verlogene religiöse Propaganda und brutale Verfolgung der Jesus-Nachfolger gehören in diese Entwicklung. Jesus sagt ausdrücklich, dass die Orientierung sehr schwierig sein wird. Betrug und Verführung werden an der Tagesordnung sein: Falsche Propheten, falsche Messiasse, die sogar durch Wunder beeindrucken werden, sagt Jesus voraus.

Mitten in diese Verwirrung hinein spricht er seinen orientierenden Satz: »Himmel und Erde werden vergehen, aber meine Worte werden nicht vergehen.« (Matthäus 24,35)

Es gibt also so etwas wie ein Navi fürs Leben. Ich will Ihnen erklären, wie es funktioniert. Dann müssen Sie entscheiden, ob Sie damit fahren wollen.

1. Installation und Aktivierung

Voraussetzung jedes Navigationsgerätes ist die Verbindung zum Satellitensystem außerhalb. Es ist nicht wirklich klug, dass wir meinen, wir müssten die Orientierung in uns selber finden.

Seitdem Jesus gekommen ist, können wir wissen, dass Gott uns in Liebe geschaffen hat, aus Liebe erhält, uns von unseren Irrwegen zurückruft und rettet. Er will eine Verbindung zu uns. Er will, dass unser Leben gelingt. Er will uns den Weg dahin zeigen.

Wir sind eigentlich bestens dafür ausgerüstet. Die Hardware, die uns den Kontakt zu Gottes Wegweisung ermöglicht, nennen wir Gewissen. Es ist das Organ, das uns den Konflikt zwischen unserer augenblicklichen Position und dem Ziel bewusst macht: wie wir sind und wie wir sein sollen, wo wir sind und wohin wir kommen sollen. So ein Gewissen hat jeder. Aber es gibt verschiedene Systeme, die unsere Position bestimmen und dem Gewissen entsprechend Wegweisung geben: Das *Society Positioning System* – was die Gesellschaft sagt, was »man« sagt. Das *Feeling Positioning System* – die eigenen Gefühle als Maßstab. Das *Ideology Positioning System* – Orientierung durch Ideologien und Weltanschauungen. Und es gibt das *Jesus Positioning System* – Jesus ist der Weg, die Wahrheit und das Leben.

Die Grundentscheidung unseres Lebens ist die Ausrichtung auf den lebendigen Gott, der sich uns in Jesus Christus zugewandt hat. Diese Grundentscheidung nennt die Bibel Bekehrung, die Lebenswende um 180 Grad. Sie ist die Hinkehr zum lebendigen Gott. Und sie ist immer zugleich die Abkehr von den konkurrierenden Orientierungs-

systemen. Darum ist die Bekehrung so umstritten. Aber sie ist lebensnotwendig.

Um im Bild zu bleiben: Das Navi muss funktionsfähig sein und muss
eingeschaltet werden. Sonst gibt es keine Verbindung. So wie man
ein Gerät durch falschen Gebrauch und durch Gewalt zerstören kann,
so auch das Gewissen. Wer sein Gewissen, das eigentlich als Emp-
fangsgerät für die Wegweisung des Schöpfers geschaffen ist, auf
andere Sender einstellt und bei unliebsamen Signalen brutal zum
Schweigen bringt, der wird eines Tages tatsächlich nicht mehr gestört. Ein totgeschlagenes Gewissen ist ein schweigendes Gewissen.
Manche verwechseln das mit einem guten, ruhigen Gewissen.

Vergebung der Schuld und Erneuerung durch den Geist Gottes –
das ist die Heilung unseres Gewissens. Die Bibel sagt, dass Gott uns
an Stelle des toten, steinernen Herzens ein neues lebendiges, flei-
schernes Herz gibt.

Und dann ist natürlich die Software nötig. Gott hat uns seine Landkarte fürs Leben in der Bibel gegeben. Die gibt es sogar digitalisiert.
Nach dem letzten Gottesdienst hat mir eine Dame berichtet, dass
ihr die Hörbibel als mp3-Datei auf ihrem Handy sehr hilft. Sie hatte
Schwierigkeiten, sich beim Lesen zu konzentrieren. Aber beim Hören
der Bibeltexte nimmt das Wort Gottes sehr starken Einfluss auf ihre
alltägliche Lebensgestaltung. Sie erlebt, wie dieses Wort während der
Busfahrt in ihre Alltagswelt hineinspricht. Die Maßstäbe des Wortes
Gottes gehen ihr ins Herz.

Wie machen Sie es? Lesen oder hören? Auf jeden Fall braucht Ihr Gewissen die Software der Bibel, des Wortes Gottes. Von dem hat Jesus
gesagt, dass es nicht vergeht, sondern ewig gültig bleibt.

Damit ist eigentlich schon alles beschrieben. Aber ich will Ihnen noch
einige kurze Hinweise zum Gebrauch des Navi geben.

2. Zieleingabe und Wegweisung

Wenn man vom Navi Wegweisung erhalten will, muss man vorher das Ziel eingeben. Wie sollen wir das Ziel unseres Lebens formulieren? Achtung, hier müssen wir aufpassen, dass wir uns vom Bild des Navi nicht in die Irre führen lassen. Das Navigationssystem *GPS* gibt kein richtiges Ziel vor. Mit dem System kann auch jeder Mörder das Ziel zu seinem Opfer finden.

Es gibt durchaus die Versuche, die Bibel und den Glauben an Gott zur Erreichung eigensüchtiger oder gar zerstörerischer, böser Ziele zu missbrauchen. Die Bibel kann man als Steinbruch für aus dem Zusammenhang gerissene Worte nutzen, mit denen man dann Ziele rechtfertigt, die mit dem Willen Gottes nichts zu tun haben – wie man mit der Bibel erfolgreich, reich, gesund und glücklich wird. Wie man Gewalt und Krieg rechtfertigt.

Jesus hat in der Bergpredigt gesagt, was unser Leben sein soll: Salz der Erde und Licht der Welt. Wir sollen zum Wohl und zum Heil der Menschen in dieser Welt wirken. Salz ist die erhaltende Kraft, Licht ist die Leben schaffende, Wachstum fördernde und Orientierung gebende Kraft. Jesus ist das Licht der Welt, weil er die Offenbarung Gottes ist. Und Gott ist Licht. Wir spiegeln nur wider, dass Jesus sich uns schenkt und sich in unser Leben investiert. Dadurch werden wir zur Lichtquelle für diese Welt. Das sagt Jesus seinen Nachfolgern zu.

Unser Leben soll also zur Ehre Gottes und zur Rettung und zum Wohl der Menschen die Liebe Gottes widerspiegeln. Das wird so lange geschehen, bis wir in Gottes Herrlichkeit mit dem ewigen Gott vereint sind. Der Himmel ist unser Ziel. Unterwegs dahin sollen wir Gottes Wirklichkeit widerspiegeln. Sie können das Ziel auch mit dem Doppelgebot der Liebe ausdrücken: Gott von ganzem Herzen lieben und den Nächsten wie uns selbst! Oder mit dem Wort von Jesus aus der Bergpredigt: »Trachtet zuerst nach Gottes Herrschaft und nach seiner Gerechtigkeit...«

Wenn dieses Ziel eingegeben ist, erfahren wir beim Lesen der Bibel, im Gebet und im Gespräch in der Gemeinschaft der Christen die Wegweisungen im Einzelnen. Oft geht die Strecke anders, als wir denken. In der Bergpredigt sagt Jesus immer wieder: »Ihr habt gehört, dass gesagt ist… Ich aber sage euch…« Der Kurs läuft quer zu den Vorstellungen der Masse und auch gegen die Gewohnheiten, denen wir aus Tradition folgen möchten.

Ich bitte Sie deshalb, täglich und regelmäßig die Bibel zu lesen. Persönlich für sich. Lesen oder hören! Gemeinsam mit anderen Christen in Bibelkreisen. Acht Augen sehen mehr als zwei. Wir helfen einander, aufmerksamer die Wegweisungen Gottes wahrzunehmen. Und verbinden Sie das Lesen und Hören der Bibel immer mit dem Gebet. Wir stehen in einer lebendigen Gesprächsbeziehung mit dem Vater.

Vielleicht sagen Sie sich jetzt innerlich: »Ich habe keine Zeit dafür.« Ich flehe Sie an: Machen Sie Ihr Leben nicht zum Treibholz im Strom der Vergänglichkeit! »Himmel und Erde werden vergehen.« Wenn Sie Ihr Leben an die Dinge hängen, werden Sie mit den Dingen zugrunde gehen. »Meine Worte werden nicht vergehen.« Nichts ist wichtiger für unser Leben als das Horchen auf die Worte von Jesus. Sie sind der rote Faden im Labyrinth der Geschichte. Er wird das letzte Wort der Weltgeschichte sprechen und das erste Wort in der neuen Welt Gottes. Nichts ist darum heute wichtiger und aktueller als sein Wort, das wir in der Bibel lesen.

3. Wenn möglich, bitte wenden!

Navis sind nett. Wenn man ihnen nicht folgt, kommt die freundliche Stimme: »Wenn möglich, bitte wenden!« Wenn man dem nicht folgt, stellt sich die Dame aus dem Cyberspace auf unseren Starrsinn ein und zeigt uns einen anderen Weg zum Ziel.

Jungen Männern sage ich: »Denkt nicht, dass die Frauen in der Wirklichkeit so sind wie die Dame im Navi. Das wäre ein gefährlicher Irrtum.« Ihnen sage ich: Denken Sie nicht, dass man mit Gottes Wort so verfahren kann!

Jesus ruft zur Umkehr:

> »Die Herrschaft Gottes ist herbeigekommen; kehrt um und glaubt dem Evangelium!«
>
> (Markus 1,15)

»Geht hinein durch die enge Pforte. Denn die Pforte ist weit und der Weg ist breit, der zur Verdammnis führt, und viele sind's, die auf ihm hineingehen. Wie eng ist die Pforte und wie schmal der Weg, der zum Leben führt, und wenige sind's, die ihn finden.« (Matthäus 7,13-14)

Ich war manchmal auf einer Autostraße, wenn die Aufforderung »Wenn möglich, bitte wenden!« kam. Ich konnte nicht wenden. Man braucht dazu eine Gelegenheit.

Wenn es auf unserem Lebensweg nur so wäre wie auf der Autobahn, könnten wir in Ruhe bis zur nächsten Ausfahrt fahren und dann umkehren. Aber es ist meist wie bei einem Sturz aus dem zehnten Stock. Da hilft kein Appell und auch kein Willensentschluss. Da funktioniert der Spruch nicht mehr »Wo ein Wille ist, da ist auch ein Weg«. Die Anziehungskraft der Erde ist so stark, dass ich nicht mehr wenden kann. So stark sind die Kräfte, die uns von Gott wegziehen. Sie werfen uns in den Abgrund, dass wir zerschmettern.

Aber wenn Jesus ruft, dann ruft er mit der Kraft des Schöpfers der Welt und des Siegers über den Tod. Sein Wort schafft, was es sagt. Wenn Jesus uns zur Umkehr ruft, dann können wir umkehren – in der Kraft seines Wortes, nicht in der Kraft unseres guten Willens. Er ruft den toten Lazarus nach vier Tagen stinkender Verwesung aus dem Grab: »Lazarus, komm heraus!« (Johannes 11,43). Und der Verstorbene kommt heraus.

Diese grundsätzliche Wende geschieht am Anfang des neuen Weges mit Jesus Christus. Und auch auf dem langen Lebensweg hören wir den Ruf immer wieder, weil wir besserwisserisch eigene Wege gehen.

Jesus hat gesagt:

> »Ich bin der Weg und die Wahrheit und das Leben;
> niemand kommt zum Vater außer durch mich.«

> (Johannes 14,6)

Deshalb lade ich Sie heute ein, sich mit ihm zu verbinden.

Raus aus dem Abseits!

Nach der Niederlage hält der Nationaltrainer seiner Mannschaft vor dem nächsten Training im Stadion eine Rede: »Wo die Fotografen stehen, das wisst ihr. Wo die Fernsehkameras stehen, das wisst ihr auch. Jetzt zeige ich euch noch, wo die Tore stehen.«

Na ja, siegen kann man eben nur, wenn man mehr Tore schießt als die gegnerische Mannschaft. Und beim Toreschießen wirkt sich die Abseitsregel allzu oft verhängnisvoll aus. Alle jubeln, der Ball ist drin. Aber der Schiedsrichter pfeift Abseits. Das Tor gilt nicht. Nicht selten hängt davon Sieg oder Niederlage ab. Weil die Situation manchmal sehr schwer zu beurteilen ist, gibt es um die Abseitsentscheidungen einen Riesenlärm und tatsächlich massenweise Fehlentscheidungen.

Darüber will ich sprechen – über massenhafte Fehlentscheidungen und über viel Lärm –, aber nicht anhand eines Fußballspiels, sondern anhand eines dramatischen Lebensberichtes aus der Bibel. Im Lukasevangelium, Kapitel 17,11-19 lesen wir (GNB):

> Auf dem Weg nach Jerusalem zog Jesus durch das
> Grenzgebiet von Samarien und Galiläa. Als er in ein Dorf
> ging, kamen ihm zehn Aussätzige entgegen. Sie blieben
> in gehörigem Abstand stehen und riefen laut: »Jesus!
> Herr! Hab Erbarmen mit uns!« Jesus sah sie und befahl
> ihnen: »Geht zu den Priestern und lasst euch eure Heilung

bestätigen!« Und als sie unterwegs waren, wurden sie tatsächlich gesund. Einer aus der Gruppe kam zurück, als er es merkte. Laut pries er Gott, warf sich vor Jesus nieder, das Gesicht zur Erde, und dankte ihm. Und das war ein Samariter. Jesus sagte: »Sind nicht alle zehn gesund geworden? Wo sind denn die anderen neun? Ist keiner zurückgekommen, um Gott die Ehre zu erweisen, nur dieser Fremde hier?« Dann sagte er zu dem Mann: »Steh auf und geh nach Hause, dein Vertrauen hat dich gerettet.«

1. Massenweise Fehlentscheidungen

Die zehn Männer waren von ihrer Umgebung ins Abseits gestellt worden. Aussatz galt als ansteckend und unheilbar. Die Kranken wurden aus der Gemeinschaft ausgestoßen. »Sie blieben in gehörigem Abstand stehen«, lesen wir. Es gehörte sich für sie, Abstand zu halten. Aussätzige trugen eine Art Rassel bei sich, mit der sie die Leute davor warnen mussten, sich ihnen zu nähern. Eine traurige Spielregel. Wir wissen heute, dass Aussatz nicht ansteckend und sogar heilbar ist. Egal, nicht die Wirklichkeit, sondern das Urteil der anderen entscheidet darüber, wer ins Abseits gestellt wird. Die Schiedsrichter hatten für die zehn Männer das Spiel des Lebens abgepfiffen. Fehlentscheidung!

Jesus aber lässt das Spiel weiterlaufen. Er befiehlt, dass die Aussätzigen sich bei den Priestern die Heilung bestätigen lassen. Die Priester hatten zugleich die Rolle der Amtsärzte vom Gesundheitsamt heute. Sie mussten bestätigen, dass es keinen Grund mehr gab, die Männer aus der Gemeinschaft auszuschließen. Die Heilung ist tatsächlich passiert. Sie sind raus aus dem Abseits. Das Spiel des Lebens läuft weiter. Sieg ist möglich.

Leider doch nicht. Neun laufen sofort wieder ins Abseits. Nur einer kapiert, wie das Leben wirklich ein Sieg wird. Er kommt zurück zu Jesus, bedankt sich und gibt Gott die Ehre. Erst wenn Gott geehrt und als Herr des Lebens anerkannt wird, sind wir richtig im Spiel und raus aus dem Abseits.

Die neun anderen haben die Heilung genossen, aber den Arzt vergessen. Sie haben das Geschenk genommen, aber den Geber vergessen.

Die Umfragen sagen, dass es in Deutschland mehr Leute gibt, die sagen, dass sie gelegentlich beten, als solche, die an Gott glauben. Das heißt doch, auch Menschen, die gar nicht an Gott glauben, beten in Notsituationen spontan. Und nicht wenige erfahren, dass sie die Not überstehen. Was wird dann? Schwein gehabt? Noch mal davongekommen? Durchatmen und weiter?

In der Bibel lesen wir die Frage:

>»Weißt du nicht, dass dich Gottes Güte zur Umkehr leitet?«

(Römer 2,4)

Die Umkehr zum Geber der Gaben, das sind die Schritte aus dem Abseits ins Spiel.

Es gibt leider massenweise Fehlentscheidungen. Es gibt allerdings keine Berechtigung, den Schiedsrichter zu beschimpfen. Es sind unsere eigenen Fehlentscheidungen.

2. Viel Lärm ums Leben

Zweimal ist in unserem Bericht davon die Rede, dass es laut wird. Zuerst: »Sie blieben in gehörigem Abstand stehen und riefen laut: ›Jesus! Herr! Hab Erbarmen mit uns!‹« Jetzt ist für sie Schluss mit stiller Zurückhaltung. Es interessiert sie nicht mehr, was sich gehört oder nicht.

Sie schreien den Namen Jesus heraus. »Jesus« bedeutet Hilfe, Rettung. Der Name ist Programm. Und sie sind heilfroh, dass sie endlich eine Adresse haben, an die sie sich wenden können. Wie oft werden sie vorher ihre Verzweiflung ins Leere geschrien haben?

Mit dem Ruf »Herr!« erkennen sie die Macht an, die Jesus auch über ihr Leben hat. Sie erwarten von ihm die Hilfe. Sie pochen nicht auf irgendein Recht. Sie klagen ihn nicht an: »Wie kann Gott so etwas zulassen?« Sie schreien laut um Erbarmen.

»Vornehm geht die Welt zugrunde«, sagt man. Es ist schrecklich, wie viel Kraft Menschen da hineinstecken, die Fassade nach außen in Ordnung zu halten, damit keiner merkt, wie groß ihre Not wirklich ist. Erst wenn diese falsche Haltung überwunden ist und der Hilfeschrei zu Jesus herausbricht, ist Hoffnung auf Rettung. Wie lange wird das bei Ihnen noch dauern?

Zum zweiten Mal wird es laut: »Einer aus der Gruppe kam zurück, als er es merkte. Laut pries er Gott, warf sich vor Jesus nieder, das Gesicht zur Erde, und dankte ihm.«

Der Mann dankte nicht still in seinem Herzen. Sein Lob Gottes war laut und für alle hörbar. Und seine Körpersprache war sehr deutlich. Er warf sich auf den Boden mit dem Gesicht zur Erde. Diese Position nahm ein Mensch damals ein, wenn er vor einem mächtigen Herrscher erschien. Er drückte damit aus: »Du bist Herr. Mein ganzes Leben gehört dir.«

Genau das ist die rettende Entscheidung. Aus der gesundheitlichen Hilfe wird eine lebenslange Zugehörigkeit zum Retter Jesus. Damit ist die Ausgrenzung überwunden. Und genauso, wie der Aussatz und die Ausgrenzung allzu deutlich sichtbar waren, so sollen jetzt die Verbundenheit mit Jesus und die Zugehörigkeit zu ihm deutlich sichtbar und hörbar werden. Das ist was anderes, als nur ein paar religiöse Empfindungen still und heimlich im Herzen zu pflegen.

Ein bekannter Bundesliga-Schiedsrichter hat neulich in aller Öffentlichkeit erzählt, wie sehr ihn der Glaube an Jesus einiger brasilianischer Fußballprofis beeindruckt hat. Er erlebte sie im direkten Umgang als Schiedsrichter. Das hat ihn dazu gebracht, sein Verhältnis zu Gott in Ordnung zu bringen und sich auch öffentlich zu Jesus Christus zu bekennen. Endlich. Wunderbar.

Zu oft gibt es viel Lärm um nichts. Hier gibt es viel Lärm ums Leben. So ist's recht. Den muss man hören.

3. Mit den ersten Vertrauensschritten fängt es an

Die Rettung des Mannes begann damit, dass er auf den Befehl von Jesus hin zum Priester ging. Zuerst konnte er ja noch nichts von der Heilung sehen. Er vertraut dem Wort, das Jesus ihm sagt, und gehorcht. Unterwegs entdeckt er mit seinen Leidensgenossen, dass die Heilung tatsächlich eingetreten ist.

So beginnt das neue Leben. Wenn wir tun, was wir von Jesus verstanden haben, machen wir die Erfahrung, dass passiert, was er versprochen hat. Also, los geht's.

Kraft und Mut statt Angst und Wut

Ich war im Paradies. Groß stand es auf dem Schild an der Zufahrt zu dem Dorf für die Leprakranken und ihre Familien im Südwesten Indiens: »Bethel – The Paradise of the Victims of Leprosy« – Das Paradies der Lepra-Opfer. Es war bereits das zweite Dorf dieser Art, das ich in einer Woche im indischen Staat Andra Pradesh besuchte. Das andere trug den schönen Namen »Valley of Love« – Tal der Liebe. Dort wurde ich beim Empfang nach indischer Weise mit Blumen bekränzt und mit Blüten bestreut.

Vor gut 30 Jahren hatten zwei Christen – ein Inder und ein Deutscher – beschlossen, sich nicht mehr von der Krankheit der etwa 40 000 Leprakranken abschrecken zu lassen. Sie hatten sie besucht und gesammelt, sie umarmt und ihnen gesagt, dass sie nicht verflucht sind, sondern dass Gott sie liebt und will, dass ihnen geholfen wird. Die zum Teil bereits schrecklich verstümmelten Menschen wurden langsam bereit, Medikamente anzunehmen. Lepra ist heilbar.

Aber bisher wurden sie ausgestoßen und geächtet. Sie vegetierten ohne Hoffnung dahin.

Als das Fortschreiten der Krankheit gestoppt war, begann die Rehabilitation. Die Glieder waren zum Teil abgefault. Hilfen wurden entwickelt, damit die Geheilten gehen und sogar arbeiten konnten. In Werkstätten lernten sie zu weben und anderes. Rings um das Dorf entstand eine blühende Landwirtschaft mit Gemüse, Obst und Tierzucht. Die Familien lebten in schmucken Häuschen. Ein Pastor – selbst von der Lepra geheilt – arbeitete als ihr Seelsorger. Sie feiern heute fröhliche Gottesdienste. Ihre Gesichter strahlen, wenn von Jesus, dem Retter der Verlorenen, die Rede ist.

Hier habe ich es erlebt: Kraft und Mut statt Angst und Wut!

Wie kann ich eine Brücke vom Tal der Liebe und von der befreienden Erfahrung der Leprakanken in Indien in unser Leben hier und heute bauen? Die Brücke ist Jesus, der Retter, selbst. Sein Wort zeigt uns, wie die Hilfe aussieht:

> »In der Welt habt ihr Angst; aber seid getrost! Ich habe die Welt überwunden.«

> Johannes 16,33

1. Zuerst eine ernüchternde Feststellung

Jesus sagt nicht: »Es ist alles halb so schlimm.« Er sagt seinen Jüngern auf den Kopf zu, dass sie in dieser Welt Angst haben. Im griechischen Urtext des Neuen Testamentes steht hier das Wort *thlipsis* – das heißt Bedrängnis. Es gibt Druck, Enge, Ausweglosigkeit. Und wenn wir in solchen bedrängenden Erfahrungen stecken, bekommen wir natürlich Angst. Angst kommt von Enge.

Angst macht unsicher, lähmt oder führt zur Panik. Zum Beispiel die Angst vor der Krankheitsdiagnose Krebs, vor einer schweren Operation, vor einer entscheidenden Prüfung, vor bedrohlichen Menschen.

Wenn wir solche Angst machenden Erlebnisse in Ohnmacht ansehen müssen, kocht in uns die Wut hoch. Miese Typen mobben ihre Kollegin im Büro. Eine Gang von »Glatzen« prügeln auf einen Wehrlosen ein. Ein Säufer prügelt seine Frau grün und blau.

Wut kommt auch auf bei der Frage: Warum lässt Gott das alles zu? Wut kommt bei mir hoch, wenn ich Leute so fragen höre, die aber nicht bereit sind, etwas gegen die Not zu tun. Sie missbrauchen die Not der Menschen, um sich Gott mit dieser anklagenden Frage vom Leib zu halten. Als ob wir Menschen berechtigt wären, Gott an den Ohren zu ziehen!

Bei Angst und Wut macht man eine Faust in der Tasche. Es führt zu nichts. Es lähmt und zerstört. Bitterkeit ist alles, was bleibt. Schuld sind die anderen.

Ich habe von den Anlässen für Angst und Wut geredet, die alle Menschen erleben. Jesus sagt seinen Nachfolgern, dass sie auch Angst erleben werden. Sie werden nicht verschont. Im Gegenteil. Jesus spricht zu ihnen in der Nacht vor seiner Hinrichtung. Es wird mehr als mulmig. Er hat ihnen schon früher gesagt: »Ich sende euch wie Schafe mitten unter die Wölfe« (Matthäus 10,16). Bis heute sterben Jesus-Nachfolger gewaltsam wegen ihres Glaubens.

Da kann nicht nur Angst aufkommen, sondern auch Wut. Das passiert nämlich heute in einer Welt, in der die Regierungen feierlich die Allgemeine Erklärung der Menschenrechte der UNO, Artikel 18 unterschrieben haben. In der steht, dass jeder Mensch das Recht hat, nicht nur seinen Glauben auszuüben, sondern auch zu wechseln. Trotzdem werden Menschen in islamischen Ländern mit dem Tod bedroht, wenn sie vom Islam zum christlichen Glauben wechseln. Und wir sind nicht einmal in unserem Land in der Lage, solche Menschen wirklich vor der Bedrohung ihres Lebens zu schützen.

»In der Welt habt ihr Angst«, stellt Jesus ernüchternd fest. Er belügt uns nicht. Er bietet keine Opiumreligion, keinen Glauben als Betäubungsmittel an. Angst ist ein normales Signal für Gefahr, wie der Schmerz ein Signal für eine Krankheit ist, die im Körper steckt.

2. Eine starke Behauptung

Die ernüchternde Feststellung ist nicht alles. Jesus fährt mit einer starken Behauptung fort: »Ich habe die Welt besiegt.«

Ist das nicht zu vollmundig? Die Nacht in Gethsemane steht noch bevor, in der Jesus vor Angst Blut schwitzen wird (Lukas 22,44). Und Golgatha steht noch bevor, wo Jesus aus Angst in der Gottverlassenheit schreien wird: »Mein Gott, mein Gott, warum hast du mich verlassen?« (Matthäus 27,46)

Was bedeutet eigentlich diese wunderbare Gestalt des auferstandenen und segnenden Christus hier über dem Altar in der Kaiser-Wilhelm-Gedächtnis-Kirche? Ist das nur von einem Künstler schön ausgedacht, dass Jesus der segnende Sieger ist? Oder entspricht das der Wirklichkeit?

Jesus redet hier von der Welt, die er besiegt hat. Die Bezeichnung »Welt« steht dabei nicht für die schöne Schöpfung Gottes, sondern für die Zerstörungsmächte, für die Welt ohne Gott und gegen Gott, die von Habgier und Rücksichtslosigkeit regiert wird.

Hat Jesus diese Welt wirklich besiegt? Oder hat die Welt ihn niedergemacht? So sieht es am Kreuz ja aus. Aber als Gott Jesus an Ostern auferweckt, da wird klar, was wirklich passiert ist: Jesus ist unter die erdrückenden Lasten gegangen und macht uns damit frei. Sein Sterben ist der größte Kraftakt der Weltgeschichte. Hass, Ungerechtigkeit und Gottlosigkeit toben sich an Jesus aus. Er steckt ein. Jesus bricht den Terror und den Hass. Die Allmacht seiner Liebe ist nicht totzukriegen.

Am Ostersonntag wird der Auferstandene seinen angsterfüllten Jüngern zusprechen: »Friede mit euch!« Schon unmittelbar vor dem Satz, den wir hier betrachten, hat Jesus gesagt: »Das habe ich mit euch geredet, damit ihr in mir Frieden habt.« (Johannes 16,33)

Und als letztes Wort am Kreuz spricht er: »Es ist vollbracht.« Gott bestätigt diese starke Aussage durch die Auferweckung des Gekreuzigten. Ja, er besiegt die Welt der Zerstörung, die uns Angst macht und ohnmächtige Wut in uns auslöst.

Die Geschichte hat gezeigt, dass er der Sieger ist. Zahllose Tyrannen haben versucht, Jesus und seine Gemeinde zu vernichten. Aber sie sind alle vergangen und vergessen. Jesus bleibt der Sieger. Die Christen und Kirchen haben oft genug Jesus verraten und sein Wort missachtet. Das Christentum ist immer wieder zu einem hässlichen Zerrbild verkommen. Das Wort von Jesus wird bis heute selbst in den Kirchen missachtet und verdreht. Aber auch dagegen setzt Jesus sich als der Sieger durch.

Darum gilt bis heute:

3. Die begründete Aufforderung

»Seid mutig!«, so wörtlich. »Seid getrost«, das klingt auch gut. Aber »seid mutig« – das ist klarer und griffiger. Jesus sagt nicht: »Es ist alles halb so schlimm.« Es ist schlimmer, als wir oft wahrhaben wollen. Aber Jesus ist der Sieger. Es gibt einen starken Grund, standzuhalten und nicht wegzulaufen. Wir können unter Berufung auf Jesus dagegenhalten.

Ich stand in einem indischen Steinbruch. In der Gluthitze zerschlugen dort Männer und Frauen mit Hämmern die Felsen zu kleinen Brocken, die als Schotter gebraucht werden. Bis vor Kurzem mussten auch Kinder diese mörderische Arbeit tun. Bis zwei Christen aus Wut über die Kinderarbeit nicht nur eine Faust in der Tasche machten, sondern anfingen, für Veränderung zu sorgen.

Gegen Kinderarbeit protestieren, das kann jeder. Die Eltern nehmen ihre Kinder ja nicht mit in diese Sklavenarbeit, weil sie sie hassen. Es geht ums Überleben der Familien. Sie haben nichts zu essen, wenn nicht alle mitschuften. Also beschafften die beiden Christen Geld und zahlten den Familien einen Ausgleich, wenn sie ihre Kinder in die Schule gehen ließen, anstatt in den Steinbruch.

Ich war in der Schule. Über 1000 Kinder lernen dort mit einer Begeisterung, die man sich in deutschen Schulen nicht vorstellen kann. Als ich dort war, gab es keine Kinder mehr im Steinbruch. Eine ganze Stadt hat begriffen: Kinder brauchen eine Kindheit und eine Ausbildung. Die Familien bekommen jetzt den monatlichen Geldbetrag nicht mehr für die Überlebenskasse. Das Geld wird auf ein Konto für das Kind eingezahlt, damit auch nach der Schule dessen Ausbildung weitergehen kann.

Es waren sicher 2000 Kinder und ihre Eltern auf dem Sportplatz der Schule abends im Scheinwerferlicht zusammen. Und noch mehr Insekten. Die Lieder, die Jesus ehrten, klangen wirklich wie Siegeslieder. Die Kinder und ihre Eltern kannten den Sieger Jesus, von dem ich an diesem Abend zu ihnen redete. Und viele neugierige Menschen, die Jesus Christus noch nicht kannten, waren an diesem Abend in das Schulzentrum gekommen. Sie hörten neugierig zu. Sie haben in den letzten acht Jahren erlebt, dass es offensichtlich einen Sieger über die Zerstörungsmächte gibt. Er hatte Hunderte Familien in ihrer Stadt verändert. Jetzt wollten sie hören, wer Jesus ist.

Die Aufforderung ist gut begründet: »Seid mutig!«

Die Aufforderung wendet sich auch heute an die Christen, die Jesus schon vertrauen und folgen: Lasst euch nicht einschüchtern und entmutigen. Zieht euch nicht in eure Gemeinden und Kirchen zurück. Packt an, wo Not und Unrecht Menschen kaputt machen! Redet und schweigt nicht feige! Die Menschen müssen wissen, dass es den Sieger Jesus gibt, den Gekreuzigten und Auferstandenen, der uns segnet und uns für andere Menschen zum Segen macht.

Die Aufforderung wendet sich auch an alle Suchenden: Steigt ein! Vertraut euer Leben Jesus an und folgt ihm mutig nach! Auch der erste Schritt erfordert Mut.

Nie werde ich vergessen, wie eines unserer Kinder oben auf einer Treppe stand und rief: »Papa, ich komme.« Und ehe ich denken konnte, sprang es von oben herab in meine Arme. Es hatte das volle Vertrauen, dass Papa stark genug war, es sicher aufzufangen. Das war der Grund für den mutigen Sprung. Es vertraute nicht auf die eigene Kraft, sondern auf den Vater.

So ist das mit dem Sprung des Vertrauens in Gottes Arme. Jesus ist stark genug, um uns wirklich sicher aufzufangen.

Da hilft nur noch beten

Ich sprach neulich mit unserem Nachbarn über die Gottesdienste als Entdeckungsreise in Berlin. Er ist ein junger sympathischer Kerl, Professor für Betriebswirtschaft und Schalke-Fan. Er erzählte mir, dass er zu einem Spiel von Schalke gegen Hertha nach Berlin gekommen ist. Bei der Gelegenheit kam er hier in diese Kirche. Er hat eine Kerze aufgestellt – als Gebet für den Sieg von Schalke. Schalke hat gewonnen. Pech für Berlin. Nicht dass die Hertha-Fans jetzt diese Kirche schließen lassen!

Merkwürdig: Beten, das ist für viele sprichwörtlich die letzte Möglichkeit, der Notnagel. Völlig unsicher. Aber man weiß ja nie. Vielleicht hilft es. Allerdings vor dem Beten kommt »Toi, toi, toi« – was ursprünglich eine Teufelsbeschwörung ist. Aber das sagen viele angeblich aufgeklärte Menschen. Es ist eine Standardredeweise im Radio und im Fernsehen. Niemand beschwert sich über den Aberglauben der flotten Moderatoren.

Beten hat für viele auch etwas von einem Kaffeeautomaten an sich. Die Dinger sind praktisch. Es gibt verschiedene Sorten. Auf Knopfdruck fließt die braune Brühe. Es ist nicht allzu teuer. Manchmal streiken die Apparate. Das ist ärgerlich, aber das kommt vor.

Unsere Erwartungen an Gott sind ein bisschen so wie an den Kaffeeautomaten. Die Frage ist: Funktioniert es? Kommt raus, was man bestellt hat? Allerdings kommen wir zu Gott nicht wegen Kaffee, sondern meist erst, wenn es richtig brennt. Und wenn das dann nicht so funktioniert, wie wir erwarten, sind wir sauer. Wenn's funktioniert, genießen wir das Ergebnis und vergessen den Kaffeeautomaten. Niemand verliebt sich in einen Kaffeeautomaten. Man baut auch keine persönliche Vertrauensbeziehung zu ihm auf. Man benutzt ihn, solange er funktioniert. Basta.

Wie ist das nun mit dem Beten wirklich?

Die Schüler von Jesus beobachten ihn, wie er betet. Sie begreifen: Beten ist für Jesus nicht der letzte unsichere Notnagel, auch nicht die Benutzung des himmlischen Kaffeeautomaten. Beten ist die erste und wichtigste Lebensäußerung. Beten ist wichtig wie Atmen. Und deshalb bitten sie Jesus: »Lehre uns beten!«

Jesus gibt ihnen zuerst ein paar Stichworte für das Gespräch mit Gott. Er sagt ihnen, was sie beten sollen. Das so genannte »Vaterunser« enthält in jedem Satz ein Thema, über das wir mit Gott sprechen sollen. Und dann sagt Jesus ihnen, wie sie beten sollen. Keine steifen Zeremonien. Ganz anders: Richtig heftig sollen sie bitten. Um das zu erklären, gebraucht Jesus einen unverschämten Vergleich.

> Jesus sprach zu ihnen: Wenn jemand unter euch einen Freund hat und ginge zu ihm um Mitternacht und spräche zu ihm: Lieber Freund, leih mir drei Brote; denn mein Freund ist zu mir gekommen auf der Reise, und ich habe nichts, was ich ihm vorsetzen kann, und der drinnen würde antworten und sprechen: Mach mir keine Unruhe! Die Tür ist schon zugeschlossen, und meine Kinder und ich liegen schon zu Bett; ich kann nicht aufstehen und dir etwas geben. Ich sage euch: Und wenn er schon nicht aufsteht und ihm etwas gibt, weil er sein Freund ist, dann wird er doch wegen seines unverschämten Drängens aufstehen und ihm geben, so viel er bedarf.
>
> Lukas 11,5-8

1. Der unverschämte Vergleich

Ein Mann ist unterwegs und kommt um Mitternacht bei einem Freund an. Hotels gab es damals nicht so wie heute. Dafür aber war und ist die Gastfreundschaft im Orient eine sehr starke Verpflichtung. Der Freund nimmt ihn nicht nur auf, er wird ihm trotz später Stunde ein Abendessen vorsetzen. Aber Pech gehabt: Die Speisekammer ist leer. Kühlschränke gab es nicht. Was tun? Er geht zu einem anderen Freund in der Nachbarschaft und klopft.

Sie müssen die Situation verstehen. Die israelischen Bauernhäuser bestehen wie die arabischen bis heute aus einem Raum. Tagsüber ist das die Küche und das Wohnzimmer. Die Tür ist zugleich das Fenster. Abends wird eine Matratze ausgerollt für alle. Vater, Mutter, neun Kinderlein, Oma und Opa legen sich hin. Der Vater bläst die Öllampe aus. Bis zum Aufgang der Sonne wird geschlafen.

Da klopft es. Der Vater kann unmöglich aufstehen, ohne irgendjemand auf den Bauch oder die Beine zu treten. Der Freund draußen gibt nicht auf. Er wird laut. Schließlich riskiert der Vater das Abenteuer und steigt in die Speisekammer, holt die drei Brotfladen, damit durch den Lärm nicht schließlich alle aufwachen.

Jesus redet von der Unverschämtheit, Dreistigkeit, Zudringlichkeit des bittenden Freundes, der trotz der Abweisung nicht vom Platz weicht. Eine verrückte Lage.

Das eigentlich Unverschämte ist aber, dass Jesus die Geschichte gebraucht, um seine Schüler zum Beten zu ermutigen. Das ist unverschämt und unangemessen, oder? Unterstellt Jesus, dass man Gott auf die Nerven gehen muss, um etwas zu erreichen?

Was will Jesus erreichen? Jesus stört mit seinem unverschämten Vergleich die religiöse Routine. Er bürstet die religiösen Gefühle gegen den Strich: »Mit dem Beten ist es ganz anders, als ihr denkt.«

Wo liegt das Problem?

Wir meinen, das Problem liegt bei Gott. Es gibt ihn vielleicht gar nicht. Oder er ist ein höheres Prinzip, mit dem man nicht über persönliche Nöte reden kann. Darüber spricht Jesus gar nicht. Das Gegenteil beweist er mit seiner Person. In Jesus ist Gott ganz nah zu uns gekommen. Er ist ein Gott, der zu uns redet und der uns einlädt, dass wir zu ihm reden, ihn bitten. Heftig bitten.

Das ist ein Riesenwunder. Denn eigentlich haben wir doch keine Chance. Eigentlich hat Beten gar keinen Zweck, wenn Gott wirklich Gott ist. Das sagt uns die Bibel schroff und unverblümt. Gott lässt dem Volk Israel durch den Propheten Jesaja sagen: »Und wenn ihr auch viel betet, höre ich euch doch nicht; denn eure Hände sind voll Blut. Wascht euch, reinigt euch, tut eure bösen Taten aus meinen Augen, lasst ab vom Bösen!« (Jesaja 1,15-16)

Da liegt das Problem. Und in der Aufforderung von Jesus, dass wir trotzdem heftig und herzlich bitten dürfen und sollen, liegt das rettende Wunder. Das kann nur Jesus uns sagen. Er geht für uns in den Tod. Er trägt das Gericht über unsere Bosheit, die Gott beleidigt. Er nimmt mit seinem stellvertretenden Sterben die Sperrung weg. Wegen Jesus will Gott uns zuhören und anhören und erhören.

Mit einem unverschämten Vergleich reißt Jesus uns aus der religiösen Gedankenträumerei. Und er erklärt genau, warum und wie wir beten dürfen. Er zeigt uns, wo unser Platz ist.

2. Der Platz zwischen den zwei Freunden

Beten lernt man auf dem Platz zwischen zwei Freunden.

Der eine Freund ist der, der unterwegs ist, der Schutz und Nahrung braucht. Jesus stellt uns in diese Situation, die wir uns nicht selber aussuchen. Das Motto der Fußballweltmeisterschaft 2006 in Deutschland lautete »Zu Gast bei Freunden«. Auf diese Weise Gastgeber zu sein kann störend, belastend und überfordernd werden. Jesus mutet uns zu, dass wir solche Gastfreundschaft üben. Er schafft uns damit Probleme, die wir ohne ihn nicht hätten oder die wir ohne ihn erfolgreich verdrängen könnten. Aber tatsächlich sind wir mit Menschen konfrontiert, die unbedingt auf unsere Lebenshilfe angewiesen sind. Und wir haben nichts zu bieten.

Das ist meine Not mit diesem Gottesdienst. Kann ich Ihnen geben, was Sie zum Leben nötig haben? Ich kann nichts produzieren, was Ihnen letzten Endes hilft – im Leben und im Sterben! Was kann ich Judith und Benjamin in ihrer Not um den kleinen sterbenden Joshua geben? Ich stehe mit leeren Händen da. Ich fühle die Verpflichtung, aber ich habe selbst nichts von mir aus zu geben, was jetzt zum Leben nötig ist.

So bin ich zu meinem Freund Jesus gelaufen. Ich habe zu ihm geschrien, an seiner Tür geklopft und gerüttelt: »Du hast all die Schmerzen erlitten. Du bist in die tiefste Verzweiflung gegangen. Du hast die Macht über den Tod bewiesen.«

So haben wir im Kreis der Mitarbeiterinnen und Mitarbeiter vor diesem Gottesdienst gebetet. Wir haben uns die Hände gereicht und laut gesagt: »Dass Jesus siegt, bleibt ewig ausgemacht, sein ist die ganze Welt. Sein sind auch wir.«

Jesus sagt: »Wenn jemand einen Freund hat...« – nachts um zwölf Uhr geht man nicht mit seinem Hilferuf zu wildfremden Leuten. Das kann man nur einem Freund zumuten. Und Jesus sagt: »Ihr seid meine Freunde« (Johannes 15,14). Gott macht sich uns zum Freund.

Wenn das passiert, verstehen Sie diesen unverschämten Vergleich. Bitten scheint unlogisch. Gott braucht keine Informationen und keine Lösungsvorschläge von uns. Trotzdem drängt Jesus uns, flehentlich zu bitten. Gott ist keine Weltformel, kein philosophisches Prinzip. Er will eine persönliche Vertrauensbeziehung. Es geht um Liebe. Bitten ist so unlogisch wie die Liebe.

Es mag sein, dass Gott nicht alle unsere Wünsche erfüllt. Aber er erfüllt alle seine Verheißungen. So hat es Dietrich Bonhoeffer gesagt. Es mag sein, dass er uns unverständlich lange warten lässt. Es mag sein, dass er uns auf unser Beten Antworten gibt, die wir nicht verstehen.

Aber die drei Brotfladen – die übliche Menge für eine Mahlzeit bei den einfachen Bauern bis heute –, das was wir zum Leben nötig haben, wird er uns geben.

Drei Freunde sind wir: Einer, der bedürftig ist als hungriger Reisender. Einer, der bedürftig ist, weil er dem hungrigen Gast nichts anbieten kann. Einer, der den Vorrat hat und um das Brot zum Weitergeben gebeten wird.

Wir leben zwischen dem Freund drinnen und dem Freund draußen und lernen beten. Das hat Folgen:

3. Beten macht aktiv

Für uns ist es unglaublich, dass der Mann nachts um zwölf Uhr noch Brot holen geht. Nachdem der Ladenschluss weitgehend aufgehoben ist, kann man mancherorts rund um die Uhr im Supermarkt einkaufen. In Berlin sowieso. Aber muss das sein? Wenn ein Gast um Mitternacht ankommt, erwartet er nicht noch ein Dinner. Die paar Stunden bis zum Frühstück wird er wohl überleben.

Der Gastgeber hätte sagen können: »Ich habe nichts. Da kann man nichts dran ändern. Deshalb kann ich leider nicht helfen.« Aber weil er einen Freund hat, den er bitten kann, deshalb wird er als Gastgeber aktiv. Er gibt nicht auf.

Meine Frau und ich besuchten hier in Berlin Frau Dr. Irmhild Bärend. Sie ist seit einem Unfall vor zwei Jahren vom Hals an völlig gelähmt. Wir saßen mit ihr zusammen und haben über ihren Lebensmut, ihre Dankbarkeit in all dem Leid, über ihre Aktivität gestaunt. Sie arbeitet auch jetzt noch als Redakteurin der großartigen Zeitschrift »Entscheidung«. Sie nutzt den sprachgesteuerten Computer. Ja, sie braucht Tag und Nacht Hilfe. Aber man spürt ihr an, dass sie den Freund Jesus hat, von dem sie das nötige Brot bekommt, um es an die hungrigen reisenden Freunde dieser Welt auszuteilen. Gebet setzt eine ungeheure Energie frei.

Sie werden hoffentlich jetzt verstehen, warum ich Sie zum Beten einlade. Sie sollen den Freund kennen lernen, den Sie jederzeit bitten können. Ich möchte mit Ihnen gemeinsam leere Hände ausstrecken, damit Jesus sie füllt. Er wird uns genug geben – für uns selbst und für die, die von uns Hilfe erwarten.

Wenn es ums Leben geht – da hilft nur beten. Das ist nicht der unsichere letzte Notnagel, sondern die erste dringende Lebensäußerung, nötig wie das Atmen!

Wir dürfen mit Jesus sprechen, wenn wir allein für uns sind. Wir dürfen mit ihm in der Familie Gottes um den Tisch sitzen und gemeinsam mit dem Vater sprechen. Dieses Gespräch ist wie das Atmen für unser Leben.

Wir müssen leider heute erleben, dass Gespräche sterben. Jeder hat seine Stöpsel im Ohr. Auf der Loveparade wurden Ohrstöpsel als Erste Hilfe zum Überleben ausgegeben. Das ist typisch für unsere Situation. Menschen sind in Massen zusammen, aber können sich nicht verstehen und haben sich nichts zu sagen.

Wo das Gespräch mit Gott neu beginnt, können wir auch das Gespräch miteinander wieder anfangen. Und auch andersherum kann es gehen: Wir sprechen miteinander, um uns zu helfen, dass das Gespräch mit Gott wieder beginnt. Ja, beten hilft! Zum Leben hilft nur beten.

Allein geht man ein

Allein geht man ein.

Eine Frau hat einen steifen Hals und wird von ihrer Freundin gefragt: »Wie ist denn das passiert?« – »Ich saß gestern im Intercity am Fenster. Da hat es furchtbar gezogen.« – »Konntest du denn nicht mit jemandem den Platz tauschen?« – »Nein, ich war allein im Abteil.«

Was für eine Tragik! Mir begegnen Leute mit sehr gegensätzlichen Wünschen. Die einen leiden unter ihrer Einsamkeit und sehnen sich nach Partnern. Wenn's dabei nur um einen steifen Hals ginge, wäre alles nicht so schlimm. Aber es geht oft um Tod und Leben.

In Berlin gibt es nach Auskunft des Landesamtes für Statistik 830 000 Single-Haushalte. Das sind 43 Prozent aller Berliner Haushalte. Die meisten Personen, die allein leben, sind zwischen 30 und 60 Jahre alt. Diese Gruppe ist in den letzten 15 Jahren am stärksten gewachsen. Das ist die Gruppe derer, die theoretisch verheiratet sein könnten.

Andere leiden unter den Zwängen in ihren Ehen, Familien oder Firmen und sehnen sich nach Unabhängigkeit. Jeder hält das, was er erlebt, für die Hölle und will da raus.

Wir sitzen in der Klemme: Allein geht man ein, aber miteinander halten wir es nicht aus. Haben wir nur die Wahl zwischen Pest und Cholera?

Ich will Ihnen den Bericht von einer überraschend hilfreichen Gemeinschaft vorstellen. Sie finden ihn in der Bibel, im Neuen Testament in der Apostelgeschichte, Kapitel 2. An einem Tag ist damals spontan eine Gemeinschaft aus 3000 Menschen entstanden.

Diese Menschen hatten kulturell verschiedene Hintergründe. Sie hatten die Rede des Petrus von Jesus gehört. Sie hatten begriffen, dass der gekreuzigte Jesus von Gott auferweckt worden ist und zur Schlüsselfigur für ein gelingendes Leben gemacht wurde. Das fanden sie nicht nur interessant. Das traf sie mitten ins Herz und ins Leben. »Was sollen wir tun?«, war ihre betroffene Reaktion. »Änderung der Lebensrichtung um 180 Grad«, das war die Antwort des Petrus. »Bekennt eure Schuld, empfangt Vergebung und lasst euch taufen! So werdet ihr den Geist Gottes empfangen.« Petrus sprach

eine überaus deutliche Sprache: »Lasst euch retten von diesem verkehrten Geschlecht!« Darauf reagierten 3000 Menschen und ließen
sich taufen. Damit erklärten sie: »Unser Leben soll ganz und gar zu
Jesus gehören. Er ist unser Retter.«

Solche Berichte liest man mit einiger Skepsis. Alles nur ein emotio-
nales Strohfeuer? Religiöse Ekstase? Nachher bleibt nur Asche? Was
bleibt, wird in Apostelgeschichte 2,42-47 beschrieben:

> Sie blieben aber beständig in der Lehre der Apostel und in
> der Gemeinschaft und im Brotbrechen und im Gebet. ...
> Alle aber, die gläubig geworden waren, waren beieinander
> und hatten alle Dinge gemeinsam. Sie verkauften Güter
> und Habe und teilten sie aus unter alle, je nachdem es einer
> nötig hatte. Und sie waren täglich einmütig beieinander im
> Tempel und brachen das Brot hier und dort in den Häusern,
> hielten die Mahlzeiten mit Freude und lauterem Herzen
> und lobten Gott und fanden Wohlwollen beim ganzen
> Volk. Der Herr aber fügte täglich zur Gemeinde hinzu, die
> gerettet wurden.

Das klingt wie die ideale Gemeinschaft. Von der haben viele geträumt.
Oft ist versucht worden, sie mit Zwang und Gewalt herzustellen. Das
Ende waren Terror, Blut und Ruinen. Was ist das Geheimnis dieser
Gemeinschaft? Sie besteht gar nicht aus idealen Menschen, die ihre
Ideen von einer gerechten Gesellschaft verwirklichen. Wir beobach-
ten etwas anderes:

Eine sehr große Bedürftigkeit
Wörtlich heißt es: »Sie beschäftigten sich emsig und regelmäßig mit
der Lehre der Apostel, sie hielten ausdauernd fest an der Gemeinschaft und am Brotbrechen und blieben beharrlich in den Gebeten.«
Wir beobachten eine dreifache Bedürftigkeit:

1. Wir müssen unbedingt Jesus besser kennenlernen

Sie hatten gerade erfahren, dass Jesus ihr Retter ist. Durch ihn hatten sie Gott als Vater kennengelernt und Vergebung ihrer Schuld erfahren. Was für eine Wohltat ist es, wenn man seine Fehler nicht krampfhaft verheimlichen und entschuldigen muss! Wie wohltuend, wenn man nicht mehr mit dem Finger auf andere zeigen muss, um dann zu erleben, dass dabei immer drei Finger anklagend auf einen selbst zurückweisen. Das hatten sie erlebt: Friede mit Gott durch Jesus.

Aber sie kannten diesen Jesus ja kaum. Sie hatten gerade genug von ihm gehört, um sich ihm zu öffnen. Jetzt wollten sie unbedingt mehr von ihm wissen. Sie wollten ihn kennen, um ihm mehr vertrauen zu können.

Und was sie bisher von Jesus meinten zu wissen, hatte sich als verkehrtes Wissen entpuppt. Die bessere Information kam von den Augenzeugen, von den Aposteln, die Leben, Reden, Leiden, Sterben und Auferstehen von Jesus erlebt hatten. Wir haben diese Augenzeugenberichte in der Bibel.

Was hielt diese so sehr verschiedenen Menschen zusammen? Der Durst nach Information über Jesus, aber nicht nur nach theoretischem Wissen, sondern einem besseren Kennenlernen, um praktisch mit ihm das Leben zu gestalten. Ihn besser kennenlernen – danach dürsteten sie.

In den Hitzewochen des Sommers haben wir es alle erlebt, wie nötig wir Wasser brauchen. Zu leicht passiert es, dass man austrocknet. Man merkt es gar nicht. Man hat manchmal kein Verlangen nach Wasser. Aber jeder Arzt sagt, dass man zwei bis drei Liter Wasser am Tag braucht. Wenn man tot ist, hat man allerdings keinen Durst mehr.

Das Geheimnis der Gemeinschaft ist die große Bedürftigkeit nach dem Wasser des Lebens, nach dem gekreuzigten und auferstandenen

Jesus. Der hat gesagt: »Wer Durst hat, der soll zu mir kommen und trinken!« (Johannes 7,37; HFA) Wir wollen mehr von Jesus wissen. Wir wollen ihn besser kennen lernen.

Täglich, regelmäßig studierten sie das Wort Gottes. Sie trafen sich in großen Open-Air-Veranstaltungen in den Vorhöfen des Tempels. Da war Platz wie auf der WM-Fanmeile. Sie horchten aber auch auf die Apostel in den Hauskreisen. Sie saßen dicht gedrängt in engen Räumen. Sie stellten Fragen. Sie wollten mehr hören. Sie lernten die Worte auswendig, die Jesus gesagt hatte. Sie wollten sie ja im Alltag anwenden.

Kennen Sie diesen Durst? Oder sind Sie satt und stumpf geworden, sodass Sie nicht einmal mehr spüren, wie Ihr Leben austrocknet, tödlich dehydriert? Lassen Sie sich einladen in die Hausbibelkreise! Gönnen Sie sich täglich die 15 bis 20 Minuten Zeit zum Bibellesen!

2. Wir brauchen unbedingt die Gemeinschaft der Christen

Die Bedürftigkeit drückte sich auch darin aus, dass sie täglich die anderen Christen brauchten. Sie suchten die Gemeinschaft, nicht nur ein schönes Gemeinschaftsgefühl. Das griechische Wort *koinonia* bezeichnet die Teilhabe, das Teilnehmen und Teilgeben. Wie sah das praktisch aus?

Sie aßen täglich miteinander in ihren Wohnungen. Die 3000 teilten sich in kleine Tischgruppen auf. Es heißt ausdrücklich, dass diese Mahlzeiten von Freudengesängen begleitet waren, dass sie schlicht waren und dass die Leute sich ohne Hintergedanken trafen. Solche fiesen Hintergedanken kommen ja schnell, wenn man die Wohnungen anderer betritt: »Mensch, haben die es schön. So vornehm möchte ich auch mal leben. Bei der nächsten Einladung muss ich es denen aber beweisen. Bei uns gibt es beim nächsten Mal Kaviar. Da werden die aber Augen machen.« Auch Minderwertigkeitsgefühle können Hintergedanken produzieren: »Ich werde nie jemanden zu mir einladen. Das kann ich mir nicht leisten.«

Diese ganz normalen Mahlzeiten dienten der praktischen Versorgung, weil Tausende von den Menschen, die zu der Zeit in Jerusalem waren, als Festpilger zu Besuch gekommen waren. Die brauchten einfach Essen und Trinken, weil sie ihren Besuch um ein paar Wochen verlängert hatten.

Der Ausdruck für Mahlzeiten heißt im Griechischen »Brot brechen«. Man brach die Brotfladen, die Sie von jeder Dönerbude kennen, und füllte sie mit Gemüse, Fleisch oder Käse.

Aber der Ausdruck »Brotbrechen« wurde bald auch besonders für die Mahlfeier gebraucht, die Jesus am Abend vor seiner Kreuzigung eingesetzt hatte. Brot und Wein sind bei diesen Mahlfeiern in unsern Gottesdiensten bis heute das materielle Zeichen für das große Geschenk, das Jesus macht. Er gibt sich selbst für uns. Er starb für uns. Er ist für uns auferstanden. Er will ganz und gar in unser Leben hinein. Wir sollen ganz und gar mit ihm verbunden sein.

Die Menschen spürten ihre große Bedürftigkeit. Darum waren sie täglich, regelmäßig, andauernd in der Gemeinschaft mit den anderen Christen zusammen. Einmal in der Woche Gottesdienst? Davon kann doch keiner leben! Da verhungert die Seele. Und es gibt heute Leute, die nennen sich Christen und finden noch nicht mal einmal in der Woche den Weg in den Gottesdienst. Kein Wunder, dass das Christentum heute viele nur an einen Friedhof oder ein Museum erinnert, aber nichts mit echtem, pulsierendem Leben zu tun hat.

Der stärkste Ausdruck der Gemeinschaft aber war ein Wirtschaftswunder, das der heilige Geist bewirkte. Und ein solches Wirtschaftswunder brauchen wir in unserer Gesellschaft heute sehr dringend: »... sie hatten alle Dinge gemeinsam. Sie verkauften Güter und Habe und teilten sie aus unter alle, je nachdem es einer nötig hatte.«

Der Geist Gottes ist ziemlich materialistisch. Wir wissen nicht, was die Menschen damals für Lieder gesungen haben. Aber wir wissen, dass sie sogar Grundstücke und Häuser verkauften, wenn es zur Linderung der Not der Armen unter ihnen nötig war.

Wir haben versucht, die Nächstenliebe zu verstaatlichen. Jetzt wundern wir uns, dass die Eiszeit der Herzen herrscht, wenn der Staat pleite ist. In Zukunft werden sich die Christengemeinden vom Rest der Gesellschaft dadurch unterscheiden, dass in ihrer Mitte Besitz geteilt wird und die Armen versorgt werden, ohne dass sie ihre Würde dabei verlieren. Ja, der Heilige Geist übt einen wunderbar sanften Druck aufs Portemonnaie aus.

Eine Kirche, in der man über Kirchensteuer – neun Prozent von der Einkommensteuer – diskutiert, ist nur ein Spiegelbild einer habgierigen, hartherzigen und geizigen Gesellschaft. Sie können jede lebendige Christengemeinschaft heute daran erkennen, dass die Jesus-Nachfolger freiwillig und von Herzen zehn Prozent ihres Einkommens geben. Egal ob von der Rente der Alten, vom großen Einkommen des gut Verdienenden oder vom Taschengeld der jungen Christen.

Was war das Geheimnis dieser Gemeinschaft? Eine große Bedürftigkeit. Da gab es Menschen, denen das Nötigste zum Leben fehlte. Dafür musste gesorgt werden.

Der Beginn dieser Gemeinschaft liegt in der Aktion Gottes, die senkrecht von oben kam. Gott wird Mensch in Jesus. Er stirbt am Kreuz und wird auferweckt. Gott handelt. Und er sorgt dafür, dass der Zustrom seiner Liebe und Energie wirklich in unser Leben hineinfließt. Das passiert seit jenem ersten Pfingstfest. Gottes Geist kommt mit aller Schöpferkraft, Antriebsenergie, voller Feuer, Wärme und Licht in das Leben von Menschen. Habgier und Selbstsucht schmelzen wie das Eis im Feuer des Geistes Gottes. Gottes Geist ist der große Kommunikator. Er verbindet durch Jesus die Menschen, die sonst nichts miteinander zu tun haben wollten.

Was senkrecht von oben beginnt, weitet sich in der Horizontalen, der Waagerechten aus: im gemeinsamen Essen und Trinken, im Teilen von Geld und Besitz.

Aber denken Sie nicht, dass der Heilige Geist in der Horizontalen langsam verflacht. Das passiert leider oft in der Kirche. Da verdienen

Menschen in kirchlichen sozialen Einrichtungen ihr Geld und tun eine fachlich gute Arbeit, aber sie halten nicht viel von Jesus. Es drängt sie nichts zum Bibellesen und Beten. Sie gehen auch nicht in die Gottesdienste. Sie spüren keine Bedürftigkeit. Sie haben in sich selbst genug. In der Bibel lesen wir es anders. Gottes Geist schafft in uns eine große Bedürftigkeit in der Senkrechten und in der Waagerechten, zu Gott hin und zu den Menschen.

3. Wir brauchen das Beten ohne Ende

Sie waren andauernd, zäh, emsig im Beten. Waren die besonders religiös? Nein, sie waren besonders bedürftig. Die große Bedürftigkeit ist das Geheimnis dieser intensiven Gemeinschaft von Betern. Sie strecken hungrig und durstig die leeren Hände nach Gott und seinen Gaben aus.

Die Kinder Gottes sitzen um den Familientisch, essen und trinken, feiern das Mahl des Herrn, teilen ihren Besitz nach Notwendigkeit und beten, beten, beten, dass Gott gibt, was wir Menschen zum Leben brauchen.

Zum Beten gehört das Bitten – für uns selbst und für andere Menschen, das Danken für Gottes Gaben und das Loben. Gott selbst ist Grund genug für ein gemeinsames Lob seiner Leute. Ausdrücklich heißt es hier: »Sie lobten Gott.« Wenn wir Gott loben, erklären wir öffentlich: Gott ist die Mitte unseres Lebens, er ist die Quelle. Er ist nicht nur Mittel zum Zweck eines schönen Lebens. Er ist Anfang und Ende, Grund und Ziel unseres Lebens. Aus dem Lob Gottes wächst die Barmherzigkeit. Wir schenken unser Leben, weil wir den loben, der sich selbst an uns verschenkt hat.

Und nur vor ihm beugen wir unsere Knie. Wir widerstehen den gottlosen Mächtigen, weil wir Gott mehr gehorchen müssen und wollen als den Menschen. Aus dem Lob Gottes wächst der Widerstand. Und das Leben mit Jesus ist immer Leben gegen die Trends der Gesellschaft. Das war damals so. Das ist heute so.

In der letzten Woche konnten Sie in vielen Tageszeitungen eine sensationelle Geschichte lesen. In der FAZ erschien sie unter dem Titel »Rohe Möwen und die Bibel«.[18] Drei mexikanische Fischer waren am 28. Oktober 2005 in einem kleinen Schiff aufs Meer gefahren, um Haie zu fangen. Ein Sturm trieb sie auf Meer hinaus. Das Benzin ging zu Ende. Sie waren den Naturgewalten auf dem Pazifischen Ozean wehrlos ausgeliefert. Sie hatten nur einen Kompass und eine Bibel. Nach vergeblicher Suche wurden sie im November 2005 für tot erklärt. Nach über neun Monaten wurden sie am 8. August 2006 von einem taiwanesischen Thunfischfänger erschöpft, fast verhungert, aber gesund aufgefischt. Sie waren 8000 Kilometer von ihrem Heimathafen entfernt. Eine unglaubliche Überlebensgeschichte. Sie lebten von Regenwasser, rohen Fischen, Möwen und Enten. »Doch die Lektüre der Bibel habe ihren Glauben gestärkt. ›Wir haben die Hoffnung nie verloren, weil wir Tag und Nacht gebetet haben‹, sagte Vidana, einer der drei.«

Bibellesen und Beten – das sind die wichtigsten Überlebensmittel in einer lebensbedrohlichen Welt.

Wir werden nicht überleben und standhalten, weil wir besser, stärker, moralischer oder religiöser sind als andere. Das Geheimnis unseres Lebens ist die große Bedürftigkeit. Wir brauchen Jesus und sein Wort. Wir brauchen die anderen Christen in der Gemeinschaft, im gemeinsamen Dienst der Barmherzigkeit und im gemeinsamen Gottesdienst. Wir brauchen den dreieinigen Gott und kommen in unserer großen Bedürftigkeit zu ihm im Gebet.

Wenn Gott Ihnen Ihre Bedürftigkeit gezeigt hat, dann kommen Sie mit Ihren leeren Händen und beten Sie zu ihm. Sie müssen nicht allein bleiben. Suchen Sie die Gemeinschaft der Christen in den Gottesdiensten, in persönlichen Gesprächen und in Gesprächskreisen. Tun Sie sich zum Dienst der Barmherzigkeit mit anderen Christen zusammen. Leben Sie mit uns in der Gemeinschaft, die von der großen Bedürftigkeit bestimmt ist.

Wer ewiges Leben hat, hat alle Zeit der Welt

Früher war der schwerste Vorwurf gegen die Christen: »Ihr vertröstet die Leute nur auf den Himmel und betrügt sie dadurch um das Leben jetzt und hier auf der Erde.« Da sind die Christen erschrocken zusammengezuckt und haben beteuert: »Auf keinen Fall.« Und flugs haben viele sich dem Lebensmotto »jetzt oder nie« verschrieben.

Nachdem wir das nun fast 150 Jahre in Europa gelebt haben, fangen immer mehr Leute an, unter dem Zeitdruck zu leiden. Die Zeit läuft weg und Panik kommt auf. Es gibt so viel im Leben, das man noch nicht ausprobieren konnte.

Der in Berlin lebende Philosoph Wilhelm Schmid schreibt in einem netten Büchlein über das Glück, die »zeitliche Begrenztheit« verursache »eine Art von Lebensstress«. »Der Versuch, alle Träume in diesem einen, endlichen Leben zu verwirklichen, ist letztlich ja doch immer zum Scheitern verurteilt. Erscheint hingegen ein Leben über die Endlichkeit hinaus plausibel, dann entlastet dies vom Druck, alles in dieses eine Leben packen zu müssen. Es wird möglich, Unerledigtes aus dem wirklichen Leben einem möglichen anderen Leben anzuvertrauen.«[19] Und dann empfiehlt er, so zu tun, als ob es ein zukünftiges Leben gäbe, auch wenn man das nicht weiß. Wenn es sich als Täuschung herausstellt, habe man nicht zu viel verloren. Die Illusion hätte wenigstens das Leben vorher erträglicher gemacht.

Donnerwetter, da wird die Lebenslüge plötzlich wieder salonfähig gemacht, weil die Leute schlechte Nerven haben.

Wahrscheinlich wird demnächst empfohlen, erst mal die Methode »jetzt oder nie« zu leben. Wenn die Zeit dann knapp wird und die Nerven blank liegen, steigt man auf den Traum vom späteren Leben um.

In der Bibel finden Sie eine realistischere Einstellung zum Leben. In der alten Zeit des Volkes Israel herrschte die harte Überzeugung: Mit dem Tod ist alles aus: »Die Toten werden dich, HERR, nicht loben« (Psalm 115,17). Schluss mit lustig. Erst als die Propheten im Auftrag Gottes ankündigen, dass es eine Lebensperspektive mit Gott über den Tod hinaus gibt, zündet die Hoffnung. Und als Jesus vom Tod auferweckt wird, geschieht der Durchbruch.

Was das für Folgen hat, wollen wir an einem Bibelabschnitt studieren. Paulus schreibt aus dem Gefängnis einen Brief an die Christengemeinde in Philippi, Mazedonien. Er weiß nicht, ob er das Gefängnis lebendig verlassen wird. Er ist ein Spielball korrupter Machthaber und Richter. Außerdem erlebt er üble Verleumdung durch so genannte christliche Amtsbrüder, die ihm seine Wirkung nicht gönnen. Da schreibt er im Brief an die Philipper, Kapitel 1,20-26:

> Wie ich sehnlich warte und hoffe, dass ich in keinem Stück zuschanden werde, sondern dass frei und offen, wie allezeit so auch jetzt, Christus verherrlicht werde an meinem Leibe, sei es durch Leben oder durch Tod. Denn Christus ist mein Leben, und Sterben ist mein Gewinn. Wenn ich aber weiterleben soll im Fleisch, so dient mir das dazu, mehr Frucht zu schaffen; und so weiß ich nicht, was ich wählen soll. Denn es setzt mir beides hart zu: Ich habe Lust, aus der Welt zu scheiden und bei Christus zu sein, was auch viel besser wäre; aber es ist nötiger, im Fleisch zu bleiben, um euretwillen. Und in solcher Zuversicht weiß ich, dass ich bleiben und bei euch allen sein werde, euch zur Förderung und zur Freude im Glauben, damit euer Rühmen in Christus Jesus größer werde durch mich, wenn ich wieder zu euch komme.

Sehr komprimiert, nicht wahr? Ist der Mann lebensmüde, dass er so sehnsüchtig vom Sterben spricht? Nein, er ist lebenshungrig.

1. Leben für Lebenshungrige

Der Schlüsselsatz lautet: »Christus ist mein Leben.«

Wie meint Paulus das? Ein Musiker sagt: »Musik ist mein Leben.« Ein Tennisspieler sagt das vom Tennis. Ein Karnickelzüchter von den Karnickeln. Und ein frommer Mensch von der Religion oder eben speziell von dem Religionsstifter Jesus?

Nein, dieser Satz hat eine ganz andere Bedeutung. Paulus war ja davon überzeugt gewesen, dass der ganze Jesus-Glaube ein gefährlicher Betrug war, bis er dem auferstandenen Jesus selbst begegnete. Dann begriff er: Die Lebensgemeinschaft mit diesem Jesus führt erst in den Tod – in den gemeinsamen Tod am Kreuz – und dann in das gemeinsame Leben mit dem Auferstandenen, also in das ewige Leben.

Ich war vor einiger Zeit im Atelier einer Keramikerin. Sie erzählte mir von der Schlüsselerfahrung ihres Lebens, die sie an der Töpferscheibe machte. Die Pfarrer und die Christen hatten sie nicht erreicht. Sie wollte und konnte nicht hören und verstehen, was die Christen ihr sagten. Wie alle Menschen aber kannte sie Beziehungsprobleme und Lebensschmerzen. Und die Fragen rumorten in ihr.

Eines Tages saß sie an der Töpferscheibe und tat die wichtige Anfangsarbeit. Sie zentrierte den Tonklumpen auf der sich drehenden Scheibe. Der nasse Ton muss ganz auf der Mitte der Scheibe liegen und sich gleichmäßig mit der Scheibe drehen. Sie hat mir erzählt, wie schwer das ist und wie lange sie in der Ausbildung geübt hat, bis es gelang. Ich habe es dann selbst probiert. Ja, es ist sehr schwer, den nassen Tonklumpen mit beiden Händen von der Seite und von oben so zu drücken, dass er genau im Zentrum der sich drehenden Scheibe liegt. Wenn das nicht gelingt, schleudert er zur Seite, wenn man versucht, den Ton zu formen. Erst wenn er genau in der Mitte liegt und sich gleichmäßig rund dreht, kann man anfangen, den Ton hochzuziehen und aufzubrechen und weiter zu formen.

Die Frau erzählte mir, sie habe plötzlich gespürt, dass Gott hinter ihr steht, seine Hände um ihre Hände legt und den Tonklumpen mit Druck und Sanftheit zugleich ins Zentrum schiebt. Da habe sie gewusst: »Genau das tut er mit meinem Leben. Die Schmerzen und die Nöte sind der Druck, der nötig ist, damit mein Leben zentriert wird. Und nur Gott kann die Mitte meines Lebens sein. Alles andere ist vergänglich und schleudert aus der Mitte weg. Nur Gott kann das Zentrum sein. Alles andere ist unbeständig. Und erst wenn Gott das Zentrum ist, wenn sich alles um ihn dreht, kann es gelingen, das Leben zu formen.« Und während sie das mit stiller, strahlender Freude erzählte, entstand unter ihren Händen ein schönes Gefäß.

Wir brauchen diese Erfahrung, dass unser Leben auf Jesus Christus zentriert wird. Sein Sterben ist mein Leben. Sein Tod ist die Vergebung meiner Schuld, ist Friede mit Gott. Seine Auferstehung ist mein Sieg.

Deshalb feiern wir diesen Gottesdienst. Er steht unter dem Versprechen von Jesus:

> »Wo zwei oder drei versammelt sind in meinem Namen, bin ich in ihrer Mitte.«
>
> (Matthäus 18,20)

Wenn Sie sein Wort hören, zentriert er selbst Ihr Leben. Vielleicht kommen Sie aus schmerzlichen Erfahrungen. Gott versucht, Ihr Leben zu zentrieren. Lassen Sie es zu! Jesus Christus ist das Zentrum der Welt. Darum muss er auch Zentrum unseres Lebens sein, wenn es gelingen soll. Christus ist mein Leben. Das ist Leben für Lebenshungrige.

Und wenn wir erst auf den Geschmack gekommen sind, wollen wir mehr.

2. Gewinnorientiert leben!

»Christus ist mein Leben und Sterben ist mein Gewinn«, schreibt Paulus.

Aber ist der Tod nicht der schreckliche Zerstörer aller unserer Hoffnungen, unserer Wahlmöglichkeiten und unerfüllten Träume, unserer beglückenden Liebesbeziehungen und unserer großen Pläne? Ist er nicht der schreckliche Verlustbringer?

Die Bibel bezeichnet das Leben, das wir in der Gemeinschaft mit Jesus haben, als »ewiges Leben«. »Ewig« ist nicht zuerst ein Zeitbegriff. Wenn etwas immer länger dauert, ist das nicht unbedingt schön. Das Schönste wird langweilig, wenn es immer weitergeht. Immer Schokolade essen? Davon wird einem schlecht. Was nicht aufhört, kann zur Qual werden. Nein, die nicht endende Zeitdauer allein ist noch nicht ewig. Ewig, das ist ein Qualitätsbegriff. Ewig ist Gottes Eigenschaft. Es ist die Schöpferwirklichkeit Gottes, an der wir teilhaben sollen. Seine schöpferische Vielfalt und Schönheit, seine Liebe und Reinheit, seine Gerechtigkeit und seine Treue, seine Stärke, die auch der Tod nicht besiegen kann.

Das Leben in Christus ist schon jetzt konkurrenzlos gut. Aber es macht uns nicht selbstgefällig und faul. Es macht uns munter und kämpferisch und zuversichtlich. Wir haben mehr Appetit nach seiner Barmherzigkeit, sodass wir uns mit Unbarmherzigkeit in dieser Welt nicht abfinden können. Wir haben mehr Verlangen nach Gerechtigkeit, sodass wir uns mit ungerechten Verhältnissen nicht abfinden können. Wir wollen mehr. Deshalb beten wir: »Dein Wille geschehe wie im Himmel so auf Erden!« Und niemand wird uns hindern, mehr von diesem Leben zu haben. Jetzt in dieser Zeit und dann in Ewigkeit.

In Essen wirkte der Jugendpfarrer und Evangelist Wilhelm Busch, dem ich viel verdanke. Auf seiner Todesanzeige stand der Satz: »In Jesus hab ich hier das beste Leben, und sterb ich, wird er mir ein bessres geben.«

Am 4. April 1968 wurde Martin Luther King in Memphis, USA, auf dem Balkon des *Lorraine Motels* von einem weißen Rassisten erschossen. Am Abend vorher hielt er in der *Mason Temple Baptist Church* eine letzte Predigt. Hier sind die letzten Sätze dieser Predigt:

Well, I don't know what will happen now; we've got some difficult days ahead. But it really doesn't matter with me now, because I've been to the mountain top. And I don't mind. Like anybody, I would like to live a long life.... But I'm not concerned about it now. I just want to do God's will. And He's allowed me to go up to the mountain. And I've looked over, and I've seen the Promised Land. I may not get there with you. But I want to know tonight, that we, as a people, will go to the Promised Land. And so I'm happy tonight; I'm not worried about anything; I'm not fearing any man. Mine eyes have seen the glory of the coming of the Lord. –

»Ich weiß nicht, was jetzt geschehen wird; einige schwere Tage liegen vor uns. Aber es macht mir nicht wirklich viel aus, denn ich bin auf dem Berge gewesen. Wie jeder wünsche ich mir ein langes Leben. Aber darauf kommt es jetzt nicht an. Ich möchte nur Gottes Willen tun. Er hat mir erlaubt, auf den Berg zu gehen. Ich habe hinübergeschaut und das verheißene Land gesehen. Vielleicht werde ich nicht mit euch dorthin gehen. Aber ich möchte heute Abend wissen, dass wir als ein Volk in das verheißene Land gehen werden. So bin ich heute Abend glücklich. Ich sorge mich nicht über irgendetwas. Ich fürchte niemanden. Meine Augen haben die Herrlichkeit des kommenden Herrn gesehen.«[20]

Die Gewissheit des ewigen Lebens stärkt unsere Kampfkraft. Nicht nur in den großen Kämpfen um Menschenrechte und Gerechtigkeit. Auch in der opferreichen täglichen Arbeit in der Familie. Auch im Berufsleben, in dem man angeblich ein Schwein sein muss, um es zu etwas zu bringen. Wenn man nur dieses bisschen Leben hat, muss man mit Zähnen und Klauen um seinen Erhalt kämpfen. Es geht dann letzten Endes das ganze Leben lang immer nur um das eigene Überleben. Wer ewiges Leben hat, dem kann es keiner rauben.

Ich war in der vergangenen Woche an der Zeche Wujek in Katowice in Polen. Dort wurden am 16. Dezember 1981 neun Bergleute, die aus Protest gegen den von General Jaruzelski ausgerufenen Kriegszustand gestreikt hatten, von Milizen erschossen. Ihre Namen und neun Kreuze stehen dort unter einem großen Kreuz. Daneben liest man das Wort von Jesus: »Wer sein Leben erhalten wird, der wird es verlieren, wer es aber verliert um meinetwillen, der wird es erhalten« (Lukas 9,24). Dieser Streik und diese Opfer waren der Anfang vom Ende der kommunistischen Diktatur in Polen.

Wer ewiges Leben durch Jesus hat, der kann sich eine Menge leisten, selbst das Sterben. Denn worum geht es letzten Endes?

3. Dass Jesus groß rauskommt!

Paulus hatte ein Lebensziel: Dass Christus verherrlicht wird. Das Jesus in seiner Liebe und Kraft erkennbar wird. Wörtlich: »Dass Christus groß gemacht wird.«

Unsere Generation ist bevorzugt. Wir erleben, wie es selten eine Generation erleben kann, dass Jesus Christus sich gegen die großmäuligen Diktatoren, die totale Macht über die Menschen ausüben wollten, durchsetzt. Mit großem Vergnügen verkündige ich das Evangelium an Orten, an denen Machthaber ein großes Maul gegen Gott riskiert haben.

Im April 2008 war ich eingeladen für acht Abende im so genannten *Spodek*, der von den Kommunisten erbauten Supersportarena in Kattowitz. Zwischen 3000 und 5000 Menschen kamen an jedem der *ProChrist*-Abende. Der Moderator lobte eines Abends ironisch die Kommunisten, dass sie uns eine so schöne Kirche gebaut hätten. Und ich habe nie so viele Menschen zum »Treffpunkt Kreuz« strömen sehen wie dort, wenn ich am Ende der Predigt einlud, an diesem »Treffpunkt Kreuz« ein Gebet mit mir zu sprechen und einen neuen Lebensweg mit Jesus zu beginnen. Sie finden dieses Gebet am Ende dieses Buches.

2004 veranstalteten wir im so genannten »Tränenpalast« am Bahnhof Friedrichstraße die Jugendwoche *JesusHouse*. Ich gehöre zu der Generation, die dort stundenlang gestanden hat, gefilzt wurde und eingeschüchtert werden sollte. Der Tränenpalast war jeden Abend überfüllt und Hunderte verfolgten die Veranstaltungen im Saal des Bundespresseamtes. An über 400 Orten in Deutschland hörten Tausende von jungen Leuten das Evangelium von Jesus. Und viele, viele entschieden sich ihm nachzufolgen, wenn Christina Brudereck und Torsten Hebel zu einem Anfang mit Jesus einluden. Wer hätte Jahre zuvor gedacht, dass dieser Ort der menschenverachtenden Schikanen eines Tages ein Ort der Verkündigung der Botschaft von Jesus sein würde?

Die Vorgeschichte unserer gegenwärtigen Erfahrungen ist das Leiden und Sterben vieler Christen, die verfolgt wurden. Wie die Weizenkörner wurden sie in die Erde gesät und bringen viel, viel Frucht, wie Jesus das vorausgesagt hat (Johannes 12,24).

Paulus beschreibt das Ziel seiner Arbeit so: »Dass der Glaube der Christen in Philippi gefördert wird.« Worin zeigt sich, dass der Glaube gefördert wird? »Dass euer Rühmen in Christus Jesus größer werde durch mich.« Sie sollen mit Jesus angeben. Sie sollen fröhlich davon reden, dass sie zu Jesus gehören. Sie sollen anderen gern erzählen, was Jesus für sie getan hat und jetzt tut.

So wird aus einem eingeschüchterten, kleinlauten, feigen Glauben ein fröhlicher, bekennender, erkennbarer Glaube. Ein Glaube, der sich hören und sehen lässt.

Der Jesus-Nachfolger hat im Gefängnis mehr Überlegenheit und Weite als jeder lebensgierige Playboy, der Millionen verschwendet, um seine Seele satt zu machen. Der Jesus-Nachfolger hat angesichts der drohenden Hinrichtung mehr Lebensqualität in Gottes Ewigkeit als jeder hektische Egoist, der nur Zeit für seinen eigenen Spaß hat.

Die Vorbereitungen von Predigten laufen manchmal anders, als man es auf der Uni gelernt hat. In den Wochen vor dieser Predigt hatte ich jede Nacht Gelegenheit, über die Wahrheit des Wortes »Christus ist mein Leben und Sterben ist mein Gewinn« nachzudenken. Die Herzkranzgefäße waren ein bisschen zu eng geworden. Dann gibt es immer wieder mal heftige Schmerzen und man denkt: »War es das jetzt?« Viele von Ihnen kennen das ja. Eigentlich war das nicht näher am Tod, als man es bei jeder Fahrt auf der Autobahn ist. Nur ist man sich dessen bei diesen Fahrten meist nicht so bewusst.

Ich sage Ihnen gern, was mir in diesen Augenblicken gewiss wurde: Es ist wahr, Christus ist mein Leben und Sterben ist mein Gewinn. Dann habe ich Hilfe erfahren und einen Stent, so etwas wie ein Stück Regenrinne, in eine Ader eingesetzt bekommen. In der letzten Woche lag ich eine lange Nacht wach im Krankenhaus, weil mich die Rückenschmerzen nicht schlafen ließen. Dabei war das gar nicht so schlimm. Ich konnte schließlich dankbar sein, dass der Arzt mir erfolgreich einen Stent in die verengte Ader am Herzen eingesetzt hatte. Jetzt musste ich nur eine Nacht auf dem Rücken liegen. Nur eine Nacht. Viele erleiden das viele, viele Nächte lang. Mir aber erschienen die zwölf Stunden wie eine qualvolle Ewigkeit und ich ersehnte die Morgendämmerung.

Ich hatte etwas mehr Zeit, als ich mir normalerweise bei der Vorbereitung einer Predigt nehme, zu fragen, ob ich mit Paulus sprechen will und kann: »Christus ist mein Leben und Sterben ist mein Gewinn.« Und ich sage Ihnen: Es ist tatsächlich wahr. Christus ist mein Leben und Sterben ist mein Gewinn.

Und weil das auch für Sie so sein kann und nach dem Willen von Jesus so sein soll, lade ich Sie in seinem Namen ein, sich mit ihm zu verbinden.

Ausblick: Ein Schritt und viele Schritte

Am Ende der Predigten in den »Gottesdiensten als Entdeckungsreise« in Berlin habe ich jedes Mal eine Einladung ausgesprochen. Eine Mitarbeiterin zündete die große Taufkerze am Taufbecken links vorne in der Kirche an. Zu diesem Treffpunkt lud ich alle ein, die sich bewusst auf die Lebensreise mit Jesus machen wollten. Die, die schon getauft worden waren, erinnerte ich an die Zusage, die Gott ihnen in der Taufe gegeben hat. Viele haben Gott darauf leider nie eine Antwort gegeben. Jesus aber hat gesagt: »Wer glaubt und getauft wird, wird gerettet; wer aber nicht glaubt, der wird verdammt werden« (Markus 16,16). Jetzt war die Möglichkeit, endlich auf Gottes Einladung zu antworten. Und wer noch nicht getauft wurde, dem gilt die Einladung genauso. Er kann den Weg mit Jesus beginnen, indem er Gott auf die gehörte Einladung antwortet. In der Taufe wird dieser Bundesschluss dann später besiegelt.

Ich habe das folgende Gebet angeboten und Satz für Satz vorgesprochen. Laut und bewusst haben viele dieses Gebet persönlich übernommen und als ihr Anfangsgebet gesprochen:

> Jesus, ich danke dir, dass du mich so sehr liebst.
> Ich habe deine Einladung gehört und öffne dir mein Leben.
> Ich bekenne dir meine Schuld und bitte dich um
> Vergebung.
> Ich danke dir, dass du am Kreuz für mich gestorben bist
> und dass du mir meine Sünden vergeben hast.
> Mein ganzes Leben soll von jetzt an dir gehören.
> Du bist der Herr.
> Dir will ich folgen.
> Zeige mir deinen Weg!
> Ich danke dir, dass du mich angenommen hast.
> Amen.

Auch Sie können dieses Gebet jetzt beten.

Darf ich Ihnen noch einige Hilfen für den weiteren Weg anbieten?

Danken Sie Gott täglich dafür, dass er Sie durch Jesus angenommen hat. Sie sind durch die Vergebung der Sünden Gottes geliebtes Kind geworden.

Nehmen Sie sich täglich Zeit, um in der Bibel zu lesen und zu beten. Gott möchte mit Ihnen sprechen, Sie stärken und Ihnen den Weg zeigen. Beginnen Sie in den Evangelien im Neuen Testament, damit Sie Jesus Christus besser kennen lernen. Das wird Ihr Vertrauen zu ihm stärken.

Suchen Sie regelmäßig die Gemeinschaft mit anderen Christen. Als Kind Gottes sind Sie in der Familie Gottes mit allen verbunden, die Jesus Christus nachfolgen. Persönliche Gespräche, Gottesdienste, Gesprächsgruppen über die Bibel werden Ihren Glauben fördern.

Stehen Sie zu Ihrem Glauben gegenüber Verwandten und Bekannten. Erzählen Sie ihnen von Ihren Erfahrungen. Sie werden dadurch zu einem Zeugen und Boten der Liebe Gottes.

Gott hat Sie wie jeden Menschen mit besonderen Begabungen beschenkt. Seien Sie darum bereit, in der Gemeinschaft der Christen Aufgaben zu übernehmen, in denen Sie die erfahrene Liebe Gottes in Wort und Tat mit anderen teilen können.

Die Entdeckungsreise geht weiter. Ein Leben lang. Es ist wie in einer Freundschaft oder Ehe. Am Anfang stehen Entdeckungen, die zum Beginn einer persönlichen Beziehung führen. Indem wir diese Beziehung Tag für Tag leben, entdecken wir Neues an unserem Partner. So ist es auch in der Beziehung zu Gott.

Paulus schreibt in einem seiner späten Briefe, dem Philipperbrief: »Ihn – Jesus – möchte ich erkennen und die Kraft seiner Auferstehung und die Gemeinschaft seiner Leiden und so seinem Tode gleichgestaltet werden, damit ich gelange zu der Auferstehung von den Toten« (Philipper 3,10-11). Das schreibt er, nachdem er Jesus schon viele Jahre gefolgt ist. Das gemeinsame Leben ist ein Prozess mit immer neuen und tieferen Erkenntnissen. Die wirklich tiefen Erkenntnisse kommen ja nicht aus theoretischen Diskussionen, sondern aus wirklicher Lebenserfahrung.

Darum gibt es im Leben mit Jesus Christus keine Routine, weil man schon alles kennt. Er ist immer für eine Überraschung gut. Die Bibel enthält einen Reichtum, den wir in einem Menschenleben gar nicht ausschöpfen können. Bleiben Sie auf dieser Entdeckungsreise behütet unterwegs!

Anhang

1   DIE ZEIT, 19.05.2006.

2   Florian Illies: *Generation Golf zwei*. München 2003, S. 28.

3   Ebd., S. 32.

4   Hellmuth Karasek: Süßer Vogel Jugend oder Der Abend wirft längere Schatten. Hamburg 2006, S. 41.

5   Stephan Grünewald: *Deutschland auf der Couch*. Frankfurt 2006, S. 53.

6   Ebd., S. 52.

7   Ebd., S. 53.

8   Ebd., S. 54.

9   Ebd., S. 52.

10 Stephan Grünewald: *Deutschland auf der Couch*. Frankfurt 2006, S. 59.

11 Ebd., S. 60.

12 Simone Jacobius in der Beilage zur *Welt am Sonntag*, Herbst 2007.

13 FAZ, 20.04.2007, S. 3.

14 GEO 1/2006, S. 37.

15 Ferdinand Muggenthaler: »Die Tiefkühlreligion«. DIE ZEIT Nr. 42, 07.10.2004, S. 38.

16 Dietrich Bonhoeffer: *Nachfolge*. München 1981, S. 55.

17 Florian Illies: *Generation Golf zwei*. München 2003, S. 28 f.

18 FAZ, dpa, 17.08.2006, S. 11.

19 Wilhelm Schmid: *Glück*. Frankfurt 2007, S. 70 f.

20 Übersetzung von Ulrich Parzany.

21 Die Daten geben die Sonntage an, an denen die jeweilige Predigt in Berlin gehalten wurde.

Ulrich Parzany

Das fängt gut an!

Taschenbuch, 12 x 19 cm, 112 S.
Nr. 394.333,
ISBN 978-3-7751-4333-2

»Man erwartet von uns Christen, dass wir für den Glauben werben. Ich werbe zunächst einmal dafür, dass Menschen anfangen, an der scheinbaren Stabilität ihrer Lebenshäuser zu zweifeln. Und ich möchte sie gern zum Zweifeln bewegen, bevor diese Lebenshäuser einstürzen und die Bewohner unter den Trümmern ihres Lebens begraben werden. Wer rechtzeitig zweifelt, kann an der Konstruktion noch was ändern und den Zusammenbruch verhindern.«

In diesem Buch lesen Sie Ulrich Parzanys Ansprachen bei ProChrist 2006 in der Münchener Olympiahalle.

Ulrich Parzany

Unglaublich

Taschenbuch, 11 x 18 cm, 112 S., Predigten ProChrist 2003
Nr. 394.049,
ISBN 978-3-7751-4049-2

Unglaublich – Gottes Liebe sprengt unsere Vorstellungen und Zweifler fangen an zu staunen.

Darüber hat Ulrich Parzany im Rahmen der Veranstaltungsreihe ProChrist vom 16. – 23. März 2003 in der Essener Gruga-Halle acht Reden gehalten. Sie wurden per Satellit an über 3000 Orte in 17 Länder Europas übertragen und sind in diesem Buch wiedergegeben.

Ulrich Parzany macht Mut, nichts selbstverständlich zu nehmen, sondern Zweifel zuzulassen und sich damit an Gott zu wenden. Das Staunen über das Unglaubliche wird dann zum Beginn eines solide begründeten Glaubens.

Bitte fragen Sie in Ihrer Buchhandlung nach diesen Büchern!
Oder schreiben Sie an: Hänssler Verlag
im SCM-Verlag GmbH & Co. KG, D-71087 Holzgerlingen.

Ulrich Parzany

Ein Gott für alle

Paperback, 13,5 x 20,5 cm, 160 S.
Nr. 394.687,
ISBN 978-3-7751-4687-6

Der Weg, die Wahrheit und das Leben – der Anspruch von Jesus Christus. Gefährdet das nicht die Freiheit unserer offenen und toleranten Gesellschaft?

Auch Christen stehen im Kreuzfeuer der Kritik, seitdem extremistische Muslime ihre Ansprüche mit Terror und Gewalt durchsetzen. Und doch: Jesus ist der einzige Weg. Er ist ein Gott für alle, sagt Parzany. Der Autor setzt sich in erster Linie mit dem Islam auseinander, aber auch mit hinduistischen und buddhistischen Anschauungen. Er zeigt, wie Christen in einem aufgeheizten Klima das Gebot von Jesus umsetzen können: »Liebet eure Feinde« (Lukas 6,27).

»In den Fußstapfen von Jesus sorgt Fettnäpfchentreter Parzany für Klartext von A (Absolutheitsanspruch von Jesus) bis Z (Zorn Gottes).«

Theo Lehmann

Bitte fragen Sie in Ihrer Buchhandlung nach diesem Buch!
Oder schreiben Sie an: Hänssler Verlag
im SCM-Verlag GmbH & Co. KG, D-71087 Holzgerlingen..